RUSSLAND
Balalaika

JAPAN
Taiko

TÜRKEI
Ud

TART

INDIEN
Sitar

NORDAFRIKA
Gembi

SÜDAFRIKA
Djembe

AUSTRALIEN
Didgeridoo

Herausgegeben von
Sonja Hoffmann

Erarbeitet von
Sonja Hoffmann
Anja-Maria Knoll
Anne Boss
und der Cornelsen Verlagsredaktion

Unter Beratung von
Alexandra Haubner, Leipzig
Dr. Annerose Schnabel, Tannenbergsthal
Georg Biegholdt, Nerchau

Unter weiterer Mitarbeit von
Arndt Bethke, Berlin
Britta Bobrow, Barth
Romy Deke, Hoyerswerda
Anett Josiger, Steinberg
Simone Khurana, Thale
Annegret Köhler, Colbitz
Christa Mundt, Leipzig
Kathleen Pallmer, Kirschau
Heidrun Skamletz, Rosenbach
Heike Sohra, Ronneburg
Petra Spindler, Hartmannsdorf
Martina Theißen, Böhlen
Anja Zscheile, Dresden

Diese Ausgabe wurde
erstellt auf der Grundlage
von „Der neue Musikus 4",
erarbeitet von
Georg Biegholdt,
Sonja Hoffmann,
Axel Schmidt,
Annerose Schnabel,
Jochen Willrodt

Mein neuer
Musikus 4

Ein Musikbuch
für die Grundschule

VOLK UND WISSEN

Inhalt

Liederkapitel

Zeichenerklärungen

CD

Verweis auf den Anhang ➜

Klangplatten

klatschen   patschen   stampfen   schnipsen

Mit Musik ins neue Schuljahr

Seid ihr bereit fürs neue Schuljahr? Dann lasst uns auch die Stimme fit machen!
Das geht am besten mit einer Erwärmung, dem so genannten Warm up.

1

Shoulder-Boogie-Woogie

W/M: Lorenz Maierhofer

Shoul-der Boo-gie Woo-gie, up and down! Shoul-der Boo-gie Woo-gie,

up and down! Roll and roll and roll and roll and fly and fly and

fly and fly and slap your neck, slap your neck, stretch and back and

stretch and back (yeah). Oh yeah!

© Helbling

2

Baby Elephant Walk von Henry Mancini 🔘 I/13

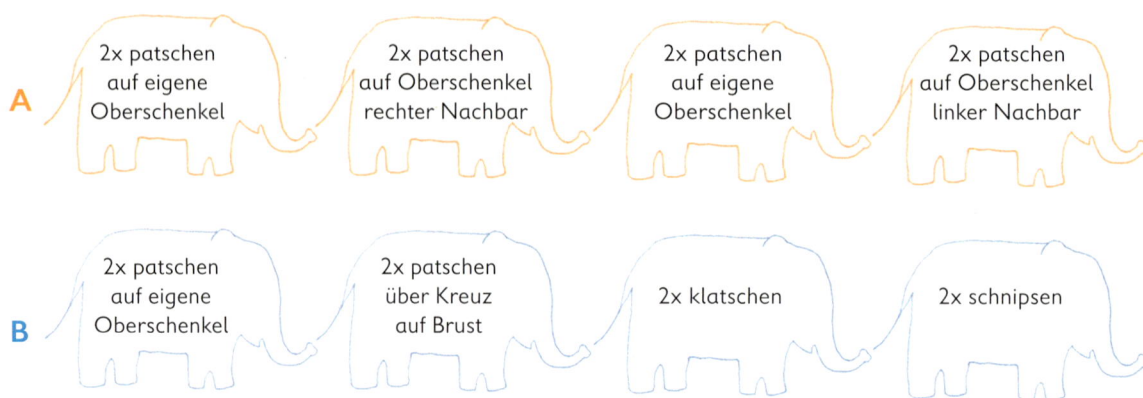

A
- 2x patschen auf eigene Oberschenkel
- 2x patschen auf Oberschenkel rechter Nachbar
- 2x patschen auf eigene Oberschenkel
- 2x patschen auf Oberschenkel linker Nachbar

B
- 2x patschen auf eigene Oberschenkel
- 2x patschen über Kreuz auf Brust
- 2x klatschen
- 2x schnipsen

---

1 Singt das Lied und bewegt euch dem Text entsprechend.   **2** Führt die Bewegungen zur Musik aus. Entscheidet euch für A oder B. Macht zum Schluss einen Trommelwirbel.

3
Ranzen-Rhythmen

Buch	Buch

Fe – der – map – pen – reiß – ver – schluss

Blei – stift, Blei – stift

Trink – fla – sche, Trink – fla – sche

4
Guten Tag!

Guten =
Tag =
𝄽 = schnalzen

W/M: unbekannt

1. Gu-ten Tag, gu-ten Tag, 2. gu-ten, gu-ten, gu-ten, gu-ten, gu-ten Tag! 3. Gu-ten

Tag, Tag, Tag, gu-ten, gu-ten, gu-ten Tag, 4. gu-ten Tag, Tag, gu-ten, gu-ten Tag!

→ Dur, S. 89
♪ zum Lied bewegen
Körperinstrumente einsetzen
Rhythmical zusammenstellen
rhythmisch sprechen

3 Übt die einzelnen Rhythmen erst getrennt, dann nacheinander und am Ende gleichzeitig.
Findet weitere Rhythmen und gestaltet euer eigenes Klassen-Rhythmical.
4 Sprecht dieses Stück erst gemeinsam, dann als Kanon. Setzt Körperinstrumente ein.
Versucht am Ende den Text wegzulassen.

Tanzend durch die Zeit

1

Glow von Madcon I/14

Popmusik hören wir überall im Alltag: im Radio, im Internet und im Fernsehen. Sie ist oft ganz regelmäßig aufgebaut. So kann man sich selbst Tanzschritte ausdenken und sie zu Tanzbausteinen zusammenfügen.
Der Titel „Glow" wurde beim Eurovision Song Contest 2010 präsentiert und regte viele tausend Menschen zum Tanzen an.

2 / 3 / 4

Ablauf

Intro
Aufstellung

Strophen

Ich versuche einen Kreuzschritt.

Wir haben 16 Takte Zeit!

Zwischenspiel

rechts schräg vor
links schräg vor

rechts schräg zurück
links schräg zurück

V-Step 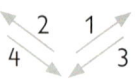 2 1
4 3

Intro 8 Takte	Strophe 16 Takte	Refrain 8 Takte	Strophe 16 Takte	Refrain 8 Takte

1 Hört euch die Musik an und verfolgt den Ablauf im Buch mit.
2 Probiert die vorgeschlagenen Tanzbausteine für den Refrain aus und tanzt sie zur Musik.

3 Denkt euch für die Strophe selbst Schritte aus. Ihr kennt schon viele Tanzbausteine, die ihr verwenden könnt. Nutzt auch die Werkstattseiten.

Tanzbausteine zum Refrain (8 Takte)

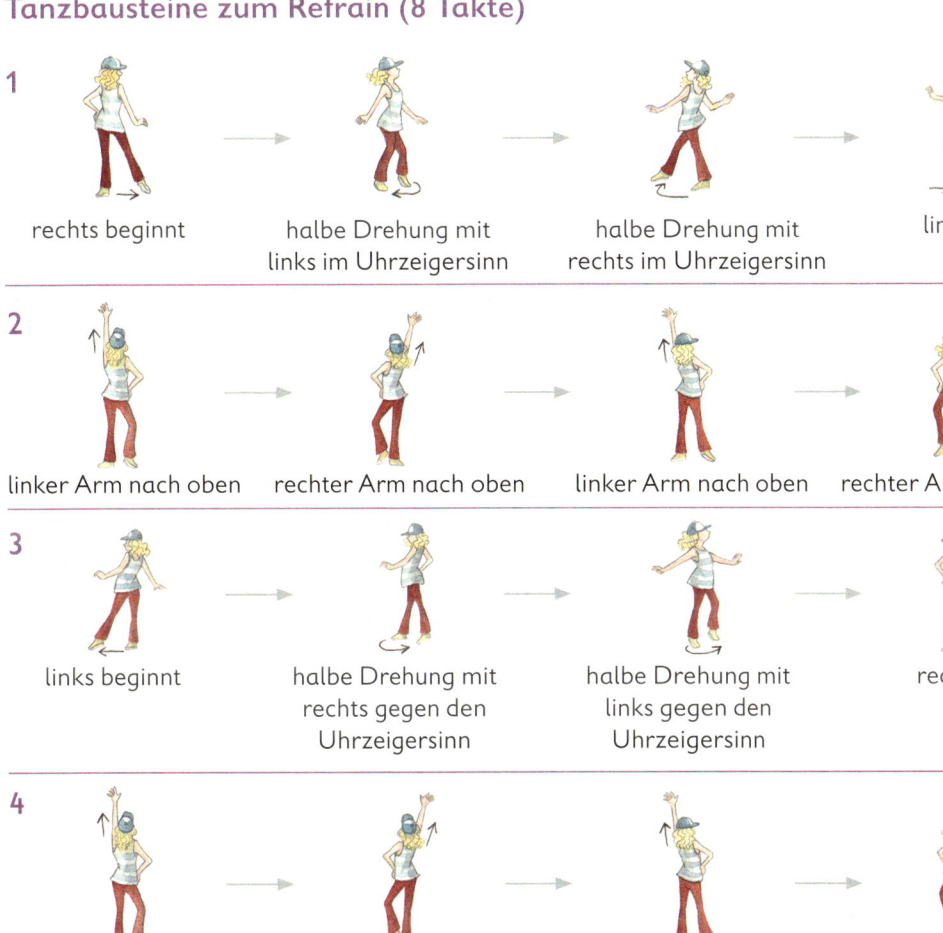

1

rechts beginnt · halbe Drehung mit links im Uhrzeigersinn · halbe Drehung mit rechts im Uhrzeigersinn · links ran

2

linker Arm nach oben · rechter Arm nach oben · linker Arm nach oben · rechter Arm nach oben

3

links beginnt · halbe Drehung mit rechts gegen den Uhrzeigersinn · halbe Drehung mit links gegen den Uhrzeigersinn · rechts ran

4

linker Arm nach oben · rechter Arm nach oben · linker Arm nach oben · rechter Arm nach oben

5–6

 1  2  3 4

mit beiden Händen abwechselnd nach rechts und links unten schnipsen

7

beide Arme von rechts nach links über den Kopf führen und mit den Augen verfolgen

8

und wieder zurück

Strophe 16 Takte	Zwischenspiel 2 Takte	**Refrain** instrumental	**Refrain** 4 mal

➜ Poptanz, S. 91
Drehung in vier Schritten,
V-Step, S. 87

♪ Choreographie für einen
Poptanz zusammenstellen

4 Wählt eure Lieblingsmusik aus und versucht die Tanzbausteine (oder eure eigenen) dazu zu tanzen.

Auf hoher See

Schon immer fuhren die Menschen zur See und entdeckten auf diesem Wege viele neue Länder. Der Alltag der Seefahrer war hart und auch gefährlich. Die Schiffsmannschaft war Wind und Wetter ausgesetzt.
Um trotz dieser widrigen Bedingungen bei guter Laune zu bleiben, wurden Seemannslieder (Shanties) gesungen.
Bis heute ranken sich tolle Geschichten um berühmte Piraten und mutige Seefahrer.
Kommt mit auf große Fahrt!

1

Alle, die mit uns auf Kaperfahrt fahren 🔘 I/15

Flämisches Volkslied
Textfassung: Anne Boss

Al - le, die mit uns auf Ka - per-fahrt fah - ren, müs - sen Män - ner mit Bär - ten sein.

Jan und Hein und Klaas und Pit, die ha - ben Bär - te, die ha - ben Bär - te,

Jan und Hein und Klaas und Pit, die ha - ben Bär - te, die fah - ren mit.

2. Alle, die Schiffe und Meere lieben,
   müssen Männer mit Bärten sein.

3. Alle, die Stürme und Wellen nicht fürchten,
   müssen Männer mit Bärten sein.

2

Piraten-Rhythmus

Hey!   Ho!   Al - le an   Bord!

1 Gestaltet euch Bärte und singt gemeinsam das Piratenlied.
2 Probiert den Piratenrhythmus mit verschiedenen Körperinstrumenten. Begleitet damit das Lied.
3 Tanzt gemeinsam zum Musikstück. Wie verändert sich die Musik?

3
Seemannstanz „Jack's the lad" 🔘 I/16

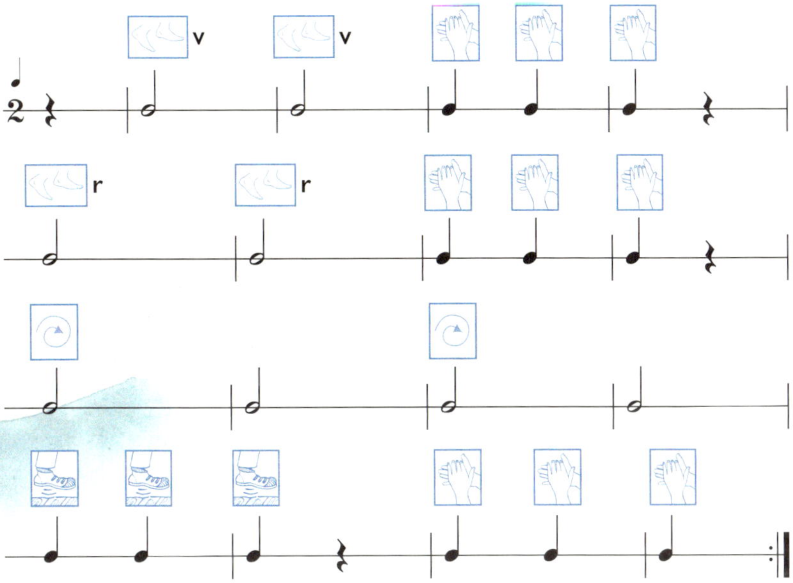

(Notenschrift mit Bewegungssymbolen)

v = vorwärts   r = rückwärts

 = klatschen   ⬀ v = vorwärts   ⬀ r = rückwärts   ↻ = drehen   👢 = stampf

> Natürlich wurde auf den Schiffen auch ausgelassen gefeiert. Versucht es doch selbst einmal!

schneller werden

lauter werden

4 / 5

Ouvertüre aus „Der fliegende Holländer" von Richard Wagner 🔘 I/17

Der Komponist Richard Wagner vertonte die sagenumwobene Geschichte eines Seefahrers, nachdem er selbst eine stürmische Schiffsreise erlebt hatte. Aus diesen Eindrücken entstand die Oper „Der Fliegende Holländer".

aufgeregt

gefährlich

tänzerisch   laut   ruhig   leise

6

He´s a pirate 🔘 I/18

→ schneller werden → Tempo, S. 92
→ lauter werden → Lautstärke, S. 90
→ Richard Wagner, S. 78

♪ Bodypercussion zum Lied
Form und Gestaltungsmittel von Musik untersuchen
einen Tanz erarbeiten
Musik hören

4 Bewegt eine große Malerfolie. Stellt damit die stürmische See dar.
5 Wie erkennst du den Sturm in der Musik? Beschreibe mit den Begriffen.

5/6 Welche Ereignisse aus dem Leben eines Seefahrers passen zur Musik? Gestaltet Spielszenen.

Zugvögel auf der Reise

Auf dem Feld, auf den Hochspannungsleitungen
und am Himmel sehen wir sie: Hunderte Vögel,
die sich sammeln, um gemeinsam in den warmen
Süden zu fliegen. Aufgeregt flattern sie vor
ihrer weiten Reise. Sie schreien und kreischen,
als könnten sie sich verständigen. Aber auch zu
uns kommen Vögel, um zu überwintern.
Sie kommen aus dem hohen Norden, wo es
noch viel kälter wird als bei uns.

1 / 2

Konzert für Vögel und Orchester
von Einojuhani Rautavaara I/19

Der finnische Komponist Einojuhani Rautavaara
nahm für sein Konzert den Gesang der Vögel
seiner Heimat auf.
Hier sind die finnischen Ohrenlerchen zu hören.

1 Hört die Musik und verfolgt den Einsatz der Vogelstimmen und Instrumente. Beschreibt die Stimmung.

2 Malt zur Musik das, was die Vögel bei ihrem Flug sehen. Welche Farben passen besonders gut?

3 Singt das Lied und vergleicht die Stimmung mit der des Konzerts.

Zweistimmig singen und Lied begleiten

3

Sieben Schwalben 🔵 I/20

W: Ursula Wölfel
M: Heinz Lemmermann

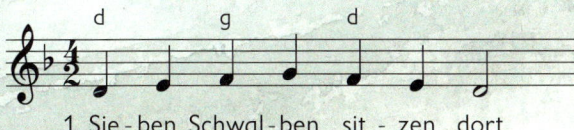

1. Sie - ben Schwal - ben sit - zen dort

auf dem Draht und schrein und schrein:

Es geht fort! Es geht fort!

Bald wird Win - ter sein!

2. Siebzig Schwalben! Hin und her
flattern sie und schrein und schrein:
Übers Meer! Übers Meer! Bald wird Winter sein!

3. Siebenhundert Schwalben ziehn
ganz weit fort und schrein und schrein:
Es ist Zeit! Es ist Zeit! Bald wird Winter sein!

4

Zweite Stimme zum Singen

1. Es geht fort!
2. Ü - bers Meer!
3. Es ist Zeit!

5

Begleitung zum Lied

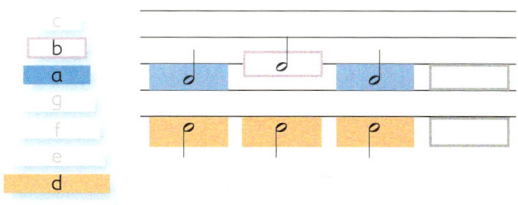

Dieses Lied steht in Moll.

Ein neuer Ton, das **b**, klingt etwas tiefer als das **h**.

b h

6

Wie man das Lied noch gestalten kann

Stimmen so verstellen, dass sie wie Vogelrufe klingen

allmählich immer lauter singen

mit immer mehr Stimmen singen

➡ Moll, S. 90
➡ Konzert, S. 89
➡ Ton b → Vorzeichen, S. 93
🎵 Musik hören und ihre Stimmung mit Farben darstellen

Lied singen und gestalten
Lied begleiten

4 Singt die zweite Stimme zum Lied.
5 Begleitet das Lied auf dem Metallophon.
6 Setzt auch die anderen Gestaltungsmittel ein.

Gruslig ist's beim Hexenhaus

1

Baba Yaga, die böse Hexe, ist zornig.
Was hat sie nur so geärgert?

A - bra - ca da bra! So was war noch nie da!

Hüh - ner - fuß und Krö - ten - dreck, zaub - re al - le Kin - der weg!

Ho - kus - po - kus - fi - di - bus, jetzt ist Schluss!

2 / 3

Die Hütte der Baba Yaga
von Modest Mussorgski I/21

Sie lässt ihr Hexenhaus auf den Hühnerbeinen
gefährlich hin und her schwanken. Dann beruhigt
sie sich und denkt sich neue Bosheiten aus.

A   B   A

1 Sprecht die Zaubersprüche rhythmisch – nacheinander
und gleichzeitig. Spielt sie auf Instrumenten mit.
Erfindet eigene Hexensprüche.

2 Formt mit den Händen ein Hexenhaus und bewegt es zur Musik.
3 Beschreibt, wie die Musik in den unterschiedlichen Teilen klingt.
Spielt szenisch in Gruppen zur Musik: Ein Kind spielt die Hexe,
vier oder fünf Kinder stellen das Hexenhaus dar.

4

Ong drong dreoka  I/22

W/M: Wilhelm Keller

Ong drong dre – o – ka

lem – bo lem – bo se – o – ka

se – o – ka di tschip–pe – ri

tschip–pe – ri di ko – li – bri.

© Fidula

♩ = Viertelnote

♫ = Achtelnote

𝄞 = Notenschlüssel

𝄂 = Schlussstrich

gedämpft

treibend

zornig

schleppend

bedrohlich

beruhigt

→ Notenzeile mit Notenschlüssel, S. 91
→ Taktstrich und Schlussstrich, S. 92
→ Wiederholung, Gegensatz, S. 89, 93
→ Viertelnote, Achtelnote → Noten, S. 90

♪ Stimmungen in der Musik erkennen
   Zaubersprüche rhythmisch sprechen
   Musik in Bewegung umsetzen

4 Sprecht und singt den Zauberspruch, mal zornig, mal geheimnisvoll.
Singt ihn auch als Kanon. Sucht die Töne der Melodie auf dem Xylofon.

Vor 40 000 Jahren

1

Bitterkalt ist es zu dieser Zeit in Europa.
Die Landschaft sieht wie eine baumlose
Steppe aus. Die Steinzeitmenschen tanzen
um ein Feuer, das sie wärmen soll.
Ihre Füße finden einen Rhythmus, den
sie mit Trommeln begleiten.
Aus dem Flügelknochen eines Schwans hat
einer eine Flöte geschnitzt, und er spielt eine
schöne Melodie mit nur wenigen Tönen.
Auch Trommeln, Rasseln und viele andere
Instrumente bauten sich die Menschen.

2

Tanz ums Feuer I/23

Aufstellung im Kreis

1.
federn rechts,
federn links

2.
federn rechts,
federn links

3.
zwei Nachstell-
schritte nach
rechts,
Unterarme
heben und
senken

4.
zwei Nachstell-
schritte nach
rechts,
viermal mit
Fäusten auf
den Brustkorb
klopfen

Beim Trommelwirbel tanzt einer ganz nah ums Feuer.

1 Hört, wie die Musik in der Steinzeit geklungen haben könnte.   2 Tanzt wie die Steinzeitmenschen ums Feuer.
Welche Instrumente erkennt ihr?

3

Hört der Trommel Ton 🔘 I/24

W/M: Sonja Hoffmann

Hum, hum, hum, hum, hum, hum, hum, hum. 1./2. Hört der Trom-mel Ton,

fine

hum, hum, hum, der Scha-ma-ne ruft uns schon, hum, hum, hum.

da capo al fine

1. Jagd voll-bracht, nun zur Nacht Freu-de in der Sip-pe, Feu-er an-ge-facht.

2. Stein reibt Stein, Glut muss sein,
   unser Clan, er schart sich um des Feuers Schein.

> Im **4-Viertel-Takt** gibt es vier Grundschläge.
>
> Hört der Trommel Ton
> **1   2   3   4**

> Der Schamane ist der Medizinmann.

4

Musik am Feuer

c
h
a
g
f
e
d
c

d   f   g   f   d

---

3 Singt das Lied. Eine Gruppe kann durchgehend das „hum"
zur Begleitung singen.

4 Erfindet eine Steinzeitmusik. Nutzt dafür die Töne d, f und g
und diesen Rhythmus.

→ 4-Viertel-Takt → Taktart, S. 92
→ alte Musikinstrumente, S. 82

♪ tanzen, singen und musizieren
wie in der Steinzeit

Pferderennen in Tuwa

In einem kleinen Land in Russland an der Grenze zur Mongolei ist Feiertag. Man nennt ihn Naadam. Es werden viele sportliche Wettkämpfe veranstaltet, auch Reiterwettkämpfe für Kinder.
Auf den wilden Pferden jagen sie durch die endlose Steppe, vorbei an den Jurten, in denen ihre Familien wohnen. Alle wollen gewinnen.

1

Chiraa-Khoo von Huun-Huur-Tu 🟡 I/25

Gangarten
der Pferde

Schritt	Trab	Galopp

2 / 3

Reiterrhythmen

rechts/
links

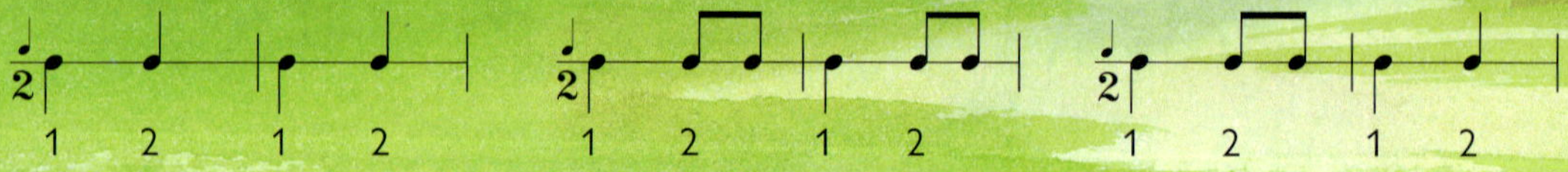

1 2 1 2   1 2 1 2   1 2 1 2

> Im **2-Viertel-Takt** gibt es zwei Grundschläge.

---

1 Schließt die Augen und hört die Musik aus Tuwa. Stellt euch vor, wie ihr auf einem Pferd durch die Steppe reitet. Was seht ihr in eurer Vorstellung?

2 Findet den gleichmäßigen Rhythmus der Pferde und patscht ihn mit. Probiert verschiedene Rhythmen aus. Wie bewegen sich die Pferde?

3 Hört die Musik noch einmal und malt ein Bild dazu.

4

Kh mei (Obertongesang) von Huun-Huur-Tu 🔵 I/26

Am Naadam ist viel Musik zu hören. Mit Stimmen und ganz besonderen Instrumenten ahmen die Musiker die Natur nach, das rhythmische Traben der Pferde oder den heulenden Wind. Die Sänger können mit ihrer Stimme gleichzeitig einen tiefen Ton und hohe Töne singen (Obertongesang). Auf der Igil, der Pferdekopfgeige, ahmen die Musiker das Wiehern der Pferde nach.

5

Die wilden Reiter 🔵 I/27

W/M: Uli Führe

[Notenlinien]

1.–3. Das sind die wil – den, wil – den_ Rei – ter, hü – ja hü – ja

hü – ja ho! Sie ja-gen im – mer im – mer wei-ter, hü – ja

hü – ja hü – ja ho! Wei – te Step – pen und wil – de Pfer-

– de, un-ter ih-ren Hu-fen bebt die Er – de, hü-ja hü – ja

hü – ja ho! 1. Wie je-des Jahr, da kom – men sie al – le von weit

her. Und das gro – ße_ Ren – nen, es wird für al – le schwer.___

© Fidula

2. Und wenn die Pferde fliegen,
   dann bebt der Steppengrund.
   Und am Ziel, da flattern
   die kleinen Fahnen bunt.

3. Ob nun gewonnen oder
   auch einfach nur dabei:
   Jeder Reiter, er fühlt sich
   in seiner Steppe frei.

→ 2-Viertel-Takt → *Taktart, S. 92*
→ *Obertongesang, S. 91*
→ *Instrumente, S. 82*

4 Hört den besonderen Klang beim Obertonsingen:
die besonders tiefen und die gleichzeitig gesungenen, ganz hohen Töne.

5 Singt das Lied der Reiter. Singt es auch zweistimmig.
Musiziert die Reiterrhythmen dazu.

♪ *Lied begleiten mit Pferderhythmus*

Von der Schreibmaschine zum Computer

1 💿 I/28

Als es noch keine Computer gab, war in den Büros
das Klappern der Schreibmaschinen zu hören.
Man schrieb mit allen zehn Fingern. Wer am schnellsten
schreiben konnte, wurde Weltmeister im Maschinen-
schreiben. Wenn eine Zeile geschrieben war, hörte man
ein Glockenzeichen und das Rattern des Wagens, der
zurückgefahren wurde.

2

The Typewriter von Leroy Anderson 💿 I/29

Der Amerikaner Leroy Anderson komponierte eine Musik
für Schreibmaschine und Streichorchester. Die Teile seiner Musik
sind mal gleich, mal ähnlich und mal unterschiedlich.

Vorspiel	A	A'	A	B	B	Zwischen-spiel	A	Nachspiel

3

Mitspielsatz zum Teil B 💿 I/30

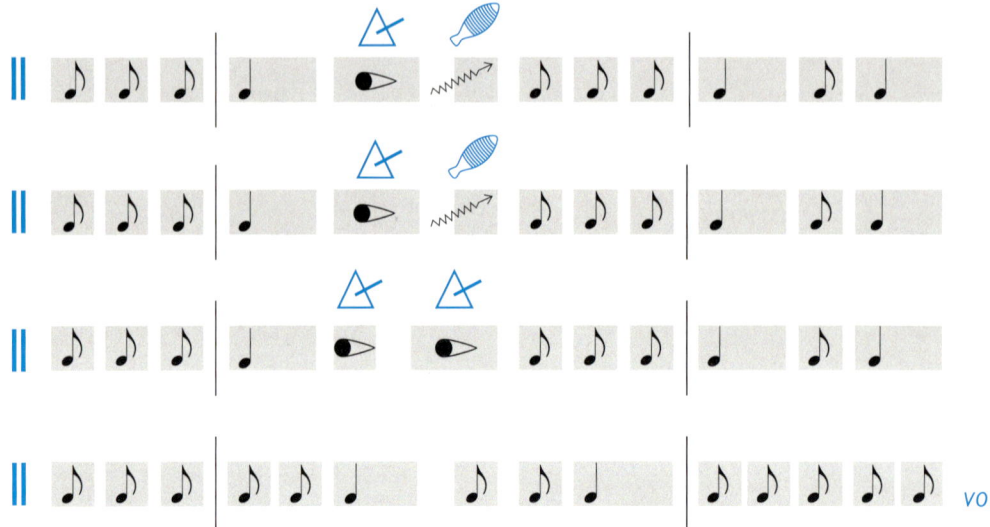

von vorn

---

1 Hört die Geräusche einer alten Schreibmaschine.

2 Verfolgt die Form des Musikstückes. Erkennt Wiederholungen,
   Veränderungen und Gegensätze. Macht beim Hören die Finger- und
   Handbewegungen wie beim Schreiben auf der Schreibmaschine mit.

3 Spielt im Teil B mit Instrumenten mit.

20

Klänge und Geräusche in unserer Umwelt

4  I/31

Heute hort man auf Computern
das Klappern der Tasten kaum.
Aber viele andere Sounds kann
man hören, zum Beispiel unterschiedliche Klingeltöne.

5

Sounds

> Der Ton **fis** klingt etwas höher als f.
> Weil der Ton keinen eigenen Platz
> in der Notenzeile hat, bekommt er
> ein Vorzeichen.
>
> f fis

6

Cyberspace-Rap  I/32

W/R: Sonja Hoffmann

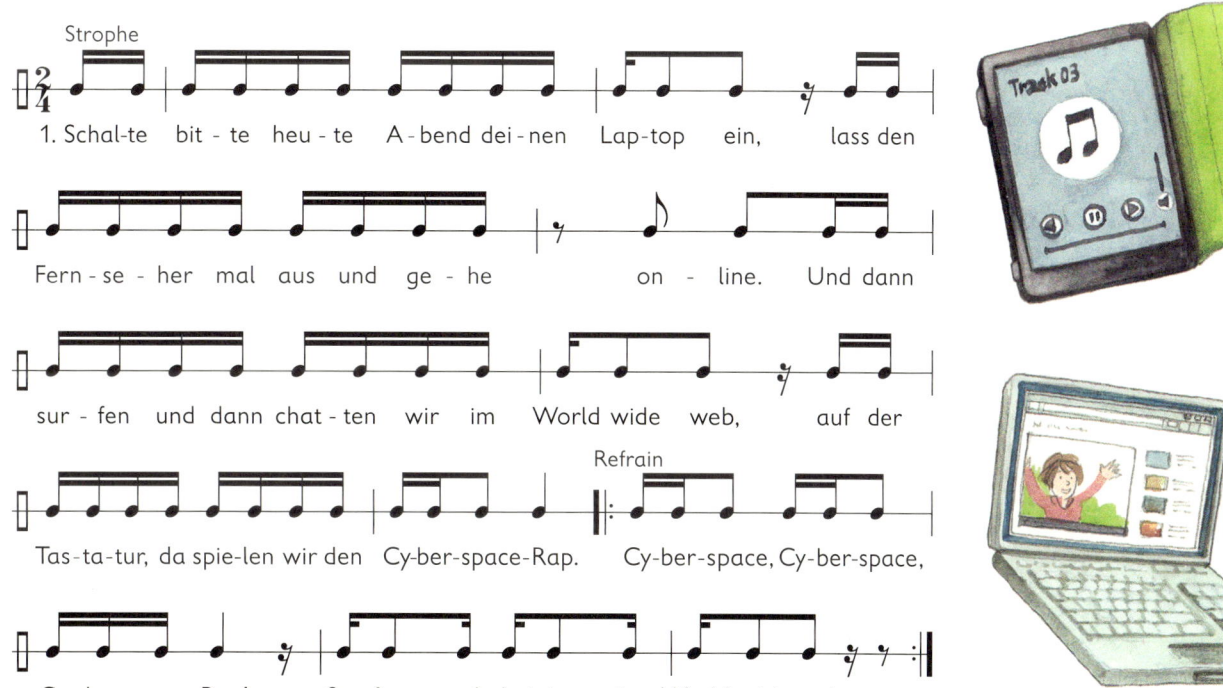

Strophe
1. Schal-te bit-te heu-te A-bend dei-nen Lap-top ein, lass den

Fern-se-her mal aus und ge-he on - line. Und dann

sur-fen und dann chat-ten wir im World wide web, auf der

Refrain
Tas-ta-tur, da spie-len wir den Cy-ber-space-Rap. Cy-ber-space, Cy-ber-space,

Cy-ber-space-Rap! Sur-fen und chat-ten im World wide web.

2. Klar, ich geh an meinen Rechner und ich schick dir was,
lade schnell noch so ein Bildchen runter – voll krass.
Ach, jetzt hab ich alles nicht gespeichert – alles weg!
Und nun kommt auch noch ein Warnton,
Rechner stürzt ab – oh Schreck!

→ *Wiederholung, Veränderung, Gegensatz, S. 89, 93*
→ *Streichorchester, S. 92*
→ *Ton fis → Vorzeichen, S. 93*
♪ *Elektronische Klänge hören, zur Musik mitspielen, Rap sprechen und begleiten, Sounds musizieren*

4 Hört die Sounds von Computer, Tablets und Smartphones.
Versuche, die Klänge deines Computers mit Zeichen aufzuschreiben.
5 Spielt diese Sounds auf Stabspielen oder Keyboard. Erfindet eigene.
6 Sprecht den Rap.

Tanzend durch die Zeit

1

Menuet pour les trompettes von J.-B. Lully 🔘 I/33

Das Wort Menuett kommt aus dem Französischen und bedeutet so viel wie „kleiner Schritt". Vor 300 Jahren war das Menuett vor allem auf großen Festen beliebt und wurde am Hof des Königs getanzt. Dabei führte man Gespräche und konnte Kontakte knüpfen. Getanzt wurde mit Reifröcken und gepuderten Perücken. Deswegen waren nur kleine Schritte und Bewegungen möglich.
Jean-Baptiste Lully war der Hofkomponist des Sonnenkönigs in Frankreich.

2/3

Die Tanzschritte

Teil A

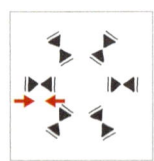 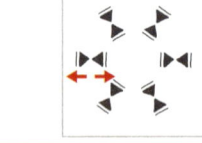

	**1–3** drei kleine Schritte aufeinander zugehen, mit rechts beginnen		**1–3** drei kleine Schritte voneinander weg machen, mit rechts beginnen
	4–5 rechte Hand reichen – Verbeugung mit dem Partner		**4–5** tiefe Verbeugung vor dem Partner mit einer großen Armbewegung
	**6** aufrichten		**6** aufrichten

A	B	A
🎺🎺 🥁🥁		🎻🎻🎻🎻

1 Hört die Musik und lest den Text dazu. Findet heraus, wer der Sonnenkönig war und warum er so genannt wurde.

2 Stellt die Betonung in der Musik mit Körperinstrumenten dar. Lauft zur Betonung im Raum.
3 Probiert die Tanzschritte des Menuetts im A-Teil aus. Orientiert euch beim Tanzen an den Betonungen.

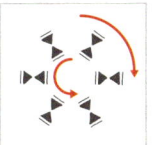
4 / 5

Doppelkreis

Beide Kreise bewegen sich in entgegengesetzter Richtung.

Teil B

1 rechten Arm über den Kopf führen

2 linken Arm über den Kopf führen

3 beide Arme nach unten führen

4 – 5 zwei Nachstellschritte nach rechts zum nächsten Partner

6 – 7 auf die Zehenspitzen stellen und wieder auf den Ballen kommen

8 – 9 wie 4 – 5   **10 – 11** wie 6 – 7   **12 – 13** wie 4 – 5

Im Teil B wechselt jedes Kind dreimal den Tanzpartner.

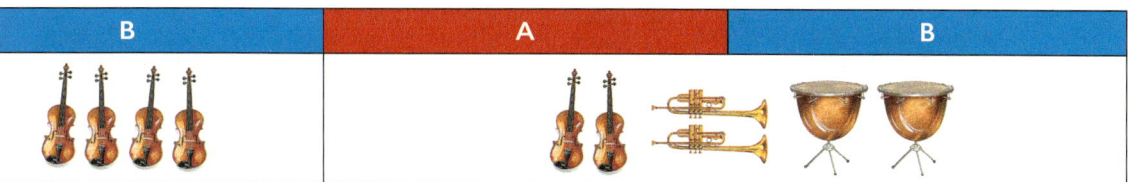

B	A	B

→ Menuett, S. 90

♪ Menuett tanzen
Teile in der Musik erkennen
Partnerwechsel

4 Tanzt das Menuett mit Partnerwechsel im B-Teil. Achtet auf die unterschiedlichen Schrittgrößen im Innen- und Außenkreis, damit der Partnerwechsel gelingt.

5 Tanzt beide Teile des Menuetts abwechselnd nacheinander. Denkt an eine gerade Haltung und macht am Schluss eine tiefe Verbeugung vor dem letzten Tanzpartner.

Bach und sein Knabenchor

1

Es war der Weihnachtsmorgen 1734 im
verschneiten Leipzig. Johann Sebastian Bach,
der Thomaskantor, machte sich auf den Weg
in die Thomaskirche. Er hatte es eilig, denn
seine Knaben standen schon frierend auf
der Orgelempore und warteten auf die
Probe für den Festgottesdienst.
Heute sollte es endlich erklingen:
Bachs neuestes Werk –
das Weihnachtsoratorium.
Es erzählt mit Instrumenten und vielen
Stimmen von der Geburt Jesu Christi
und der Freude darüber.

2

Die erste Idee  I/34, 35

Wenige Tage zuvor trafen sich Johann Sebastian Bach und sein Freund Picander, der
eigentlich Christian Friedrich Henrici hieß. Bach wollte für sein Weihnachtsoratorium
eine schon fertige Melodie aus einer Glückwunschkantate verwenden, und nun suchten
beide nach einem neuen Text, der gut passt.

> Die
> Glückwunschkantate
> beginnt so:
> Tönet, ihr Pauken,
> erschallet, Trompeten –
> Welchen Text können wir
> jetzt dafür nehmen?

> Was sagt Ihr dazu:
> Jauchzet, frohlocket!
> Auf, preiset die Tage!

3

**Eingangschor aus dem
Weihnachtsoratorium** I/35

Jauch – zet,   froh – lo – cket,

1 Informiert euch über den Komponisten Johann Sebastian Bach
  und den berühmten Thomanerchor.
2 Hört euch den Beginn der Glückwunschkantate und den des
  Weihnachtsoratoriums an. Vergleicht. Spielt die Szene.
3 Dieser Rhythmus begegnet euch im Eingangschor des Weihnachtsoratoriums immer wieder. Hört und zählt mit. Probiert ihn gemeinsam
  mit Körperinstrumenten und sprecht dazu. Musiziert den Rhythmus
  zur Musik, wenn er zu hören ist.

4

In der Komponierstube I/35

Später in seiner Komponierstube versuchte Johann Sebastian Bach seine Gedanken aufzuschreiben, denn Weihnachten rückte immer näher. Jeden Tag mussten die Jungen aus dem Thomanerchor die strengen Proben bei ihrem Kantor Bach ertragen.

Chor
Stimmen setzen nacheinander ein, Orchester begleitet

Vorspiel
Trompeten und Pauken, Streicher und Holzbläser

Zwischenspiel
Trompeten und Pauken, Streicher und Holzbläser

Chor
alle Stimmen, Orchester begleitet

5

Sinfonia I/36

Die Hirtenmusik ist das einzige Stück im Weihnachtsoratorium, das nur mit Instrumenten gespielt wird.

6

W: Johann Rist
M: J. S. Bach

Brich an, du schönes Morgenlicht I/37

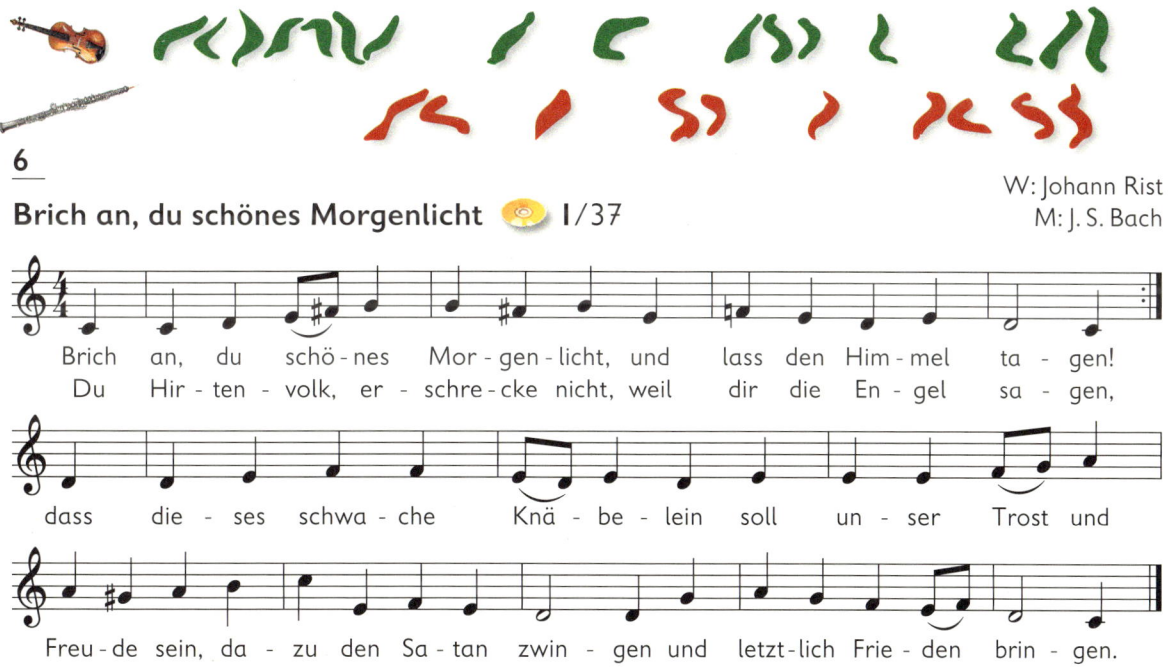

Brich an, du schö-nes Mor-gen-licht, und lass den Him-mel ta-gen!
Du Hir-ten-volk, er-schre-cke nicht, weil dir die En-gel sa-gen,

dass die-ses schwa-che Knä-be-lein soll un-ser Trost und

Freu-de sein, da – zu den Sa-tan zwin – gen und letzt-lich Frie-den brin-gen.

→ J. S. Bach, S. 76
→ Stimmgruppen im Chor, S. 92
♪ einen Komponisten kennenlernen
  Teile der Musik erkennen
  Stimmgruppen im Chor
  Oratorium, Rhythmus musizieren
  sich zur Musik bewegen

4 Bringt Bachs Notizen beim Hören in die richtige Reihenfolge. Manche Teile gibt es mehrfach. Wie heißen die Stimmgruppen in einem Chor?

5 Bildet zwei Gruppen (Oboen, Streicher). Bewegt farbige Tücher und achtet darauf, wann die Instrumente einzeln und wann sie gemeinsam zu hören sind.

Mit dem Weihnachtsmann um die Welt

Auf der ganzen Welt gibt es nicht nur einen Weihnachtsmann, es gibt viele. Auf jedem Kontinent heißt er ein wenig anders, kommt an einem anderen Tag, sieht anders aus und hat unterschiedliche Helfer. Kommt mit auf eine weihnachtliche Reise!

1

Up on the housetop 🔘 I/38

W/M: Benjamin Hanby

Up on the house-top_ rein-deer pause. Out jumps good old San-ta Clause.

Down through the chim-ney with lots of toys, all for the lit-tle ones' Christ-mas joys.

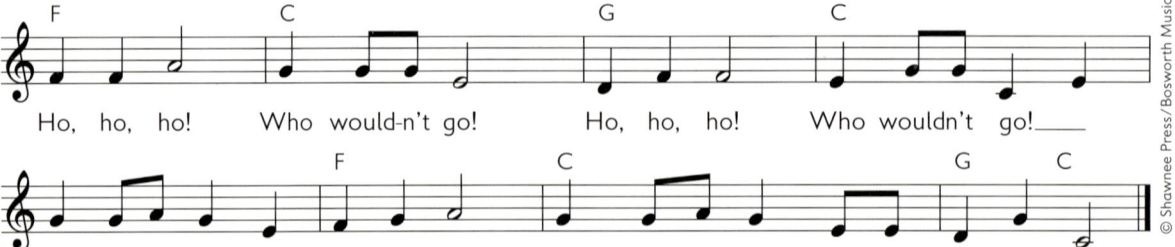

Ho, ho, ho! Who would-n't go! Ho, ho, ho! Who wouldn't go!___ Up on the house-top, click, click, click, down through the chim-ney with good Saint Nick.

© Shawnee Press/Bosworth Music

2

Here comes Santa Claus von Bing Crosby 🔘 I/39

Christmas, oder X-Mas, wie die Amerikaner Weihnachten auch nennen, findet am 25. Dezember statt. In der Nacht kommt Santa Claus, der amerikanische Weihnachtsmann, durch den Kamin und bringt den Familien die Geschenke. Seinen Schlitten ziehen die Rentiere.

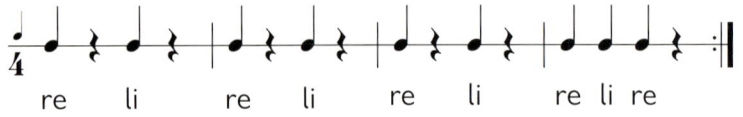

re li re li re li re li re

1 Singt gemeinsam das amerikanische Weihnachtslied. Begleitet es mit den Klangstäben e, f und g, wie sie über den Noten stehen. **2** Bastelt Santa Claus und bewegt die Figur zum Rhythmus.

Internationale Weihnachtslieder

In Russland findet Weihnachten erst am 6. und 7. Januar statt. Geschenke bringt Väterchen Frost jedoch bereits zur Neujahrsnacht am 31. Dezember. An seiner Seite ist ein kleines Schneemädchen, genannt Schneeflöckchen.

3

Im Walde steht ein Tannenbaum (Ёлочка)

M: R. Kudaschewa
dt. Text: A. Kurella

1. Im Wal-de steht ein Tan-nen-baum im im-mer-grü-nen Kleid. Ist
schlank und lieb - lich an - zu-schaun zu je - der Jah-res - zeit.

> Das russische Lied beginnt unbetont. Ich beginne beim vollen Takt zu begleiten.

2. Der Schlitten fährt, man hört es kaum,
drauf sitzt ein alter Mann.
Er hat den kleinen Tannenbaum
gefällt im dichten Tann.

3. Nun steht das Tannenbäumchen hier,
gar festlich schon geschmückt,
hat alle Kinder hoch erfreut
und jedes Herz beglückt.

4

Six white boomers – 15 000 km entfernt I/40

Im fernen Australien feiern die Menschen Weihnachten auch im Dezember, allerdings ist zu dieser Zeit dort Sommer.
Da kommt Santa Claus in Badehose!
Und seine Kutsche wird nicht von Rentieren gezogen, sondern von sechs weißen Känguruhs, den Boomers.

re   li   Brust
rechts
Brust
links

---

3 Singt das russische Lied und begleitet es mit Triangel.
4 Gestaltet den Refrain mit Körperinstrumenten.
  Denkt euch auch eine eigene Begleitung aus.

→ Auftakt, S. 88

♪ Weihnachtslieder aus Nordamerika, Russland, Australien

Begleitung mit Körperinstrumenten

Fingertanz

27

Troikafahrt durch tiefen Schnee

1

Troika von Sergej Prokofjew 🔆 I/41

In den tief verschneiten, weiten russischen Wäldern erleben die Menschen einen langen und harten Winter. Sie legen Entfernungen zwischen den Siedlungen mit einer Troika zurück, einem Schlitten, dem drei Pferde vorgespannt sind. Sergej Prokofjew gestaltete ein solches Erlebnis in seiner Musik.

2

Troika-Thema 🔆 I/42

W: Annerose Schnabel
M: Sergej Prokofjew

© Edition Russe de Musique Music

Komm, lass uns fah-ren mit der Troi-ka ein-ge-mummt, denn es ist kalt.

Und die Pferdchen lau-fen leicht und_schnell durch den tief ver-schnei-ten Wald.

Das klingt wie ein Rondo.

Warum?

𝄽 = Viertelpause

3

Zum Mitspielen 🔆 I/41

1 Hört das Musikstück und verfolgt den Verlauf.
2 Singt die Troika-Melodie.
Wie oft erkennt ihr sie beim Hören wieder?

3 Spielt bei der Troika-Melodie mit Instrumenten mit. Die Peitsche könnt ihr mit einem schnipsenden Lineal darstellen.

Musik aus Russland

4 / 5

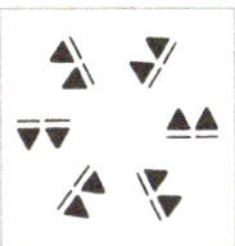

Troika-Tanz 🔘 I/43, 44

W: Sonja Hoffmann
M: volkstümlich aus Russland

Aufstellung zu dritt
an der Tanzlinie

Dreiergruppen
laufen auf der
Kreislinie

Troi - ka-fahrt durch tie - fe Wäl-der, Pfer - de schnau-fen, Glo-cken-klang!

linker Tänzer
geht durch
das Tor

Frost zwickt die Na - se, s'wird im - mer käl - ter,

Eine Balalaika ist ein
russisches Zupfinstrument
mit drei Saiten. Das ist im
Musikstück gut zu hören.

rechter Tänzer
geht durch
das Tor

doch wir glei-ten gut ge-launt den Weg ent-lang.

links herum und
3x stampfen,
rechts herum und
3x stampfen

Tief ver-schneit sind al - le Bäu-me, sehn wie gro - ße_ Rie-sen aus.

Doch schnell sind vor - bei die Träu-me, der Schlit-ten hält schon vor dem Haus.

→ Viertelpause → Pause, S. 91
→ Rondo, S. 92
→ Instrumente, S. 82

♪ Musik hören, Form erkennen
Teile wiedererkennen, mitmusizieren
Lied singen und tanzen

4 Tanzt den Troika-Tanz (I/43) zur Musik.
Mit Glockenbändern am Bein tanzt es sich noch besser.
5 Singt das Troika-Lied (I/44) und begleitet es mit Schellen und Glöckchen.

Mit Musik durch den Tag

Früh am Morgen klingelt der Wecker. Das Radio begleitet uns beim Frühstück.
Im Musikunterricht wird gesungen. Beim Einkaufen im Supermarkt läuft Musik.
Und im Fernseher kommt ein Film mit einer spannenden Filmmusik.
Warum ist eigentlich überall Musik?

1/2

Hörpuzzle 🔘 I/45

3

Musik im Film

1 Ordnet jedem Hörbeispiel ein Bild zu.
Wann und wo könnte euch diese Musik begegnen?
Welche Funktion hat sie?

2 Bei welchen Gelegenheiten nutzt ihr Musik? Sprecht darüber.
3 Wählt ein Filmplakat aus und gestaltet eine passende Musik dazu.
Nutzt Instrumente und Alltagsgegenstände. Vergleicht die Ergebnisse.

Es gibt Tage, da geht einfach alles schief. Dann seid nicht traurig, sondern singt ein Lied. Singen macht nämlich gute Laune und ist gesund!

Wo uns Musik begegnet

4 Shalalalala  1/46

W/M: Fredi Jirovec

G   C   a   D   G   C   a   D

1.–3. Sha - la - la - la - la,   sha - la - la - la - la - la,   sha - la - la - la - la,   sha - la - la - la,

G   C   a   D   G   C   G   (D⁷) fine

sha - la - la - la - la,   sha - la - la - la - la - la,   sha - la - la - la - la - la!___   (klatschen)

G   C   a   D   G

1. Die Zahn-pas-ta ist aus,   auf den Tag bin ich ge-spannt,   beim Früh-stück hab' ich

C   a   D   G   C

mir mei-ne Fin-ger ver-brannt,   ein So-cken ist zer-ris-sen und ich

a   D   G   C   G

möch-te ger-ne wis-sen,   wo mein Schlüs-sel___ ist.___   Aus dem

e   C

Ra-dio___   Mu-sik,___   Rhyth-mus, Me-lo - die,___   ich

A⁷   A⁷   D   D⁷   da capo al fine

bin gleich wie-der gut ge-launt,   und sin-ge: one, two, three!   Uh!

© Helbling

2. Den Autobus verpasst,
   ich bin eh schon spät dran,
   ein Auto fährt vorbei, durch die Pfütze,
   spritzt mich an, ich seh mit großem
   Schrecken auf der Hose nasse Flecken.
   Heute ist alles Mist.
   Erste Stunde Musik – lernen wir ein Lied,
   jeder ist gleich gut gelaunt
   und alle singen mit!

3. Der Fernseher ist hin
   und im Sparschwein ist kein Geld, ein
   T-Shirt hab ich an, das mir gar nicht gefällt.
   Mein Hamster ist verschwunden
   und ich frage mich seit Stunden:
   Was ist heute los?
   Aber plötzlich Musik – geht nicht aus dem Sinn,
   ich bin gleich wieder gut gelaunt
   und singe vor mich hin!

♪ Musik zuordnen
Funktionen von Musik untersuchen
Musik zu einer Vorlage gestalten

Traumgeschichten am Uluru

Die Ureinwohner Australiens, die Aborigines, kennen noch heute
die Traumgeschichten ihrer Vorfahren. Als Lieder und Tänze wurden sie
von Generation zu Generation weitergegeben. Ihre Instrumente finden
die Aborigines in der Natur und bemalen sie kunstvoll.

1

Die Entdeckung des Didgeridoos

Vor langer Zeit
waren die Männer eines Stammes
auf der Suche nach Nahrung. Da fand einer von ihnen
den ausgehöhlten Stamm eines Eukalyptusbaumes.
Dieser war voll mit Termiten (weißen Ameisen).
Der Stamm eignet sich gut zum Feuermachen, dachte er.
Doch weil er verhindern wollte, dass die Termiten verbrennen,
pustete er sie aus dem hohlen Stamm heraus.
Plötzlich war ein tiefer, warmer Ton zu hören.
Der Mann war so überrascht, dass er immer weiter blies.
Als er sich umsah, tanzten die anderen Männer
und klatschten zum Ton einen Rhythmus.

Ein Aborigine spielt auf dem Didgeridoo   *Schlaghölzer aus Eukalyptus*   *Schwirrholz, Bumerang*

2 / 3

Uluru (traditionelle Aborigines-Musik) 🟡 I/47

> 𝅝 = ganze Note

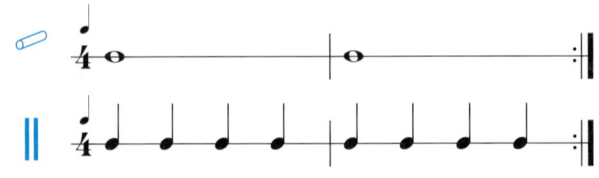

1 Informiert euch über: Australien, Traumzeit
der Aborigines und Uluru.

2 Hört die Musik der Aborigines und erkennt den Klang des Didgeridoos
und der Schlaghölzer. Musiziert mit. Nutzt Boomwhackers anstelle der
Didgeridoos.

Die Punktmalerei ist
eine traditionelle Malweise
der Aborigines.

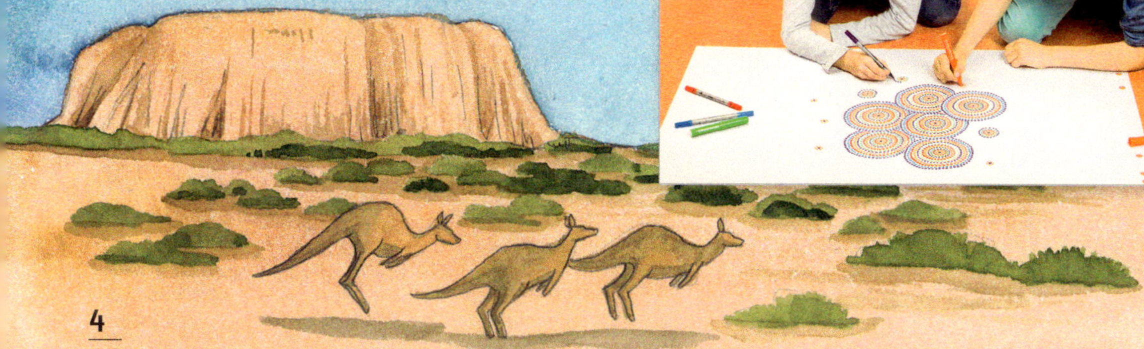

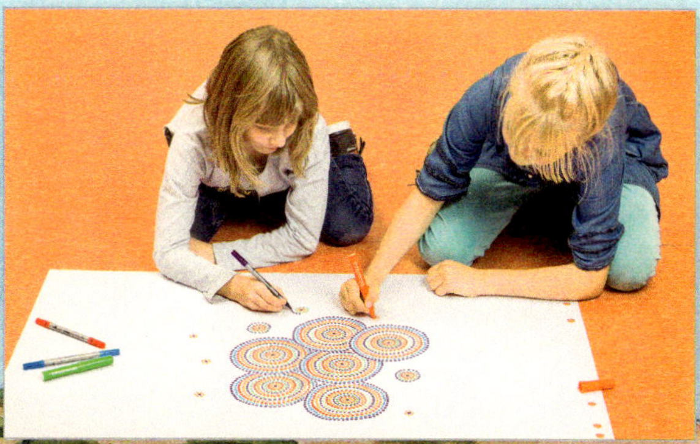

4

Abeeyo (Willkommenslied der Aborigines) 🔘 I/48   W/M: traditionell aus Australien

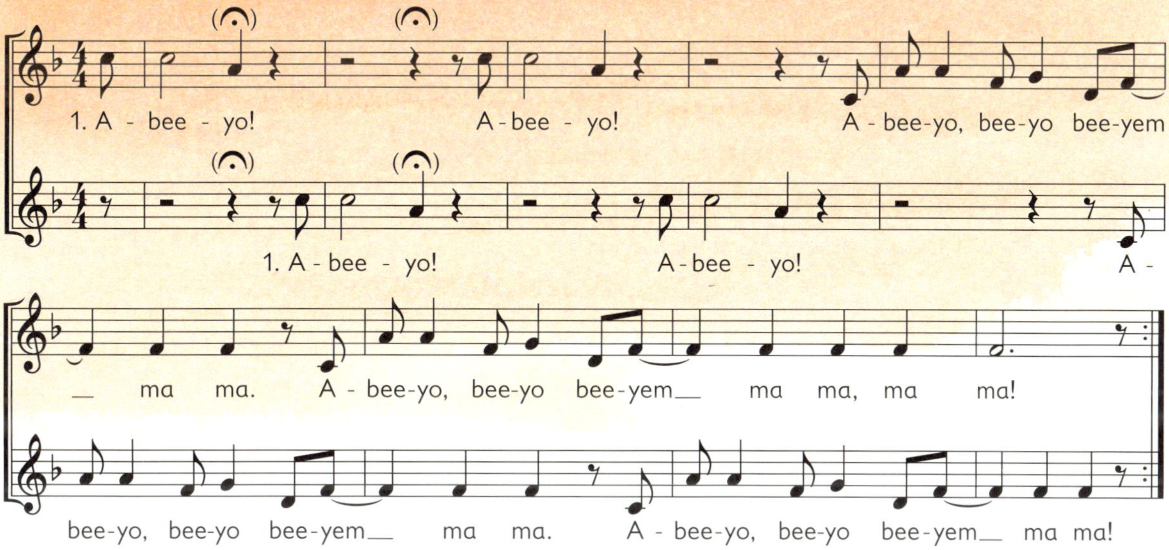

1. A - bee - yo!   A - bee - yo!   A - bee-yo, bee-yo bee-yem

1. A - bee - yo!   A - bee - yo!   A -

_ ma ma.   A - bee-yo, bee-yo bee-yem_ ma ma, ma ma!

bee-yo, bee-yo bee-yem_ ma ma.   A - bee-yo, bee-yo bee-yem_ ma ma!

2. A welcome! Let´s sing hello, hello!

5

Wie man Didgeridoo-Klänge erzeugen kann:

die Lippen mit
dem Instrument
fest umschließen

die Lippen flattern lassen,
mit oder ohne Ton: _brrrrr_

rhythmisch sprechen
oder singen:
dsche, dsche
oder _u-a, u-a_

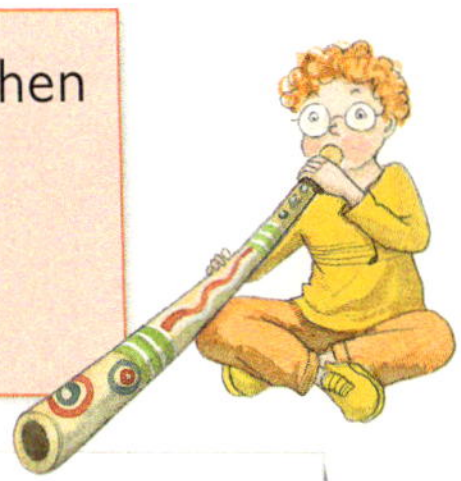

→ _ganze Note, S. 90_

→ _Didgeridoo, Schwirrholz,
Schlagholz, Bumerang, S. 83_

♪ _Musiktraditionen der Welt
kennenlernen durch Singen,
Hören, Musizieren_

3 Malt Ornamente mit Punkten zur Musik.
Setzt die Punkte genau zum Rhythmus der Schlaghölzer.
4 Singt das Lied zweistimmig. Bildet dazu zwei Gruppen.
5 Bastelt ein Didgeridoo. Wie es geht, erfahrt ihr auf S. 80.

Die Zauberflöte

Der junge, tapfere Prinz Tamino wird auf der Jagd von einer Riesenschlange angegriffen. Er ruft um Hilfe und wird von drei Damen gerettet. Dafür soll er nun Pamina, die Tochter der Königin der Nacht, befreien. Pamina wird auf der Burg des Fürsten Sarastro gefangen gehalten.

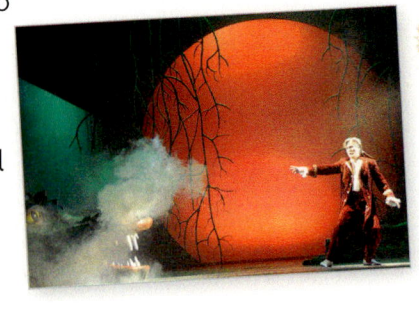

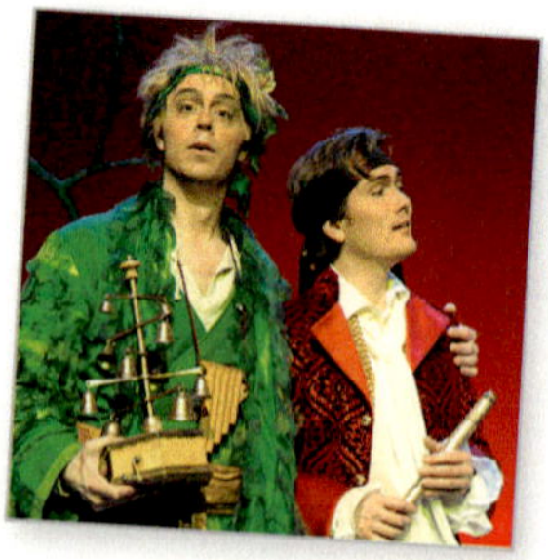

Tamino lernt den Vogelfänger Papageno kennen, der ihm bei der Rettung der Prinzessin Pamina helfen soll. Zum Schutz gegen alle Gefahren bekommt Tamino eine Zauberflöte und Papageno ein Glockenspiel.

1

Die Personen

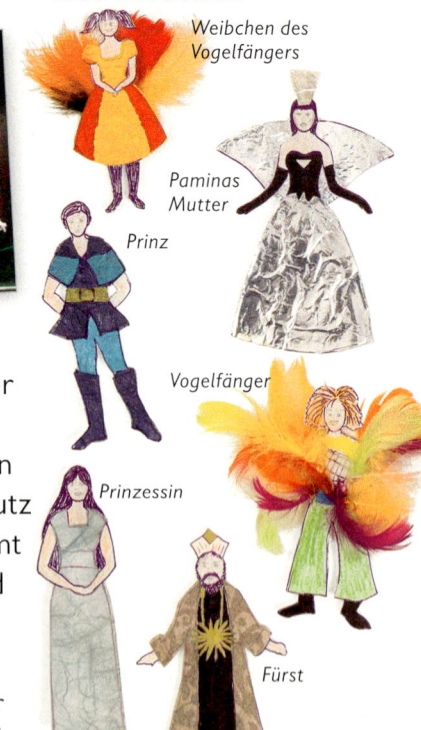

Weibchen des Vogelfängers
Paminas Mutter
Prinz
Vogelfänger
Prinzessin
Fürst

2

Lied des Papageno I/49

W: Emanuel Schikaneder
M: Wolfgang A. Mozart

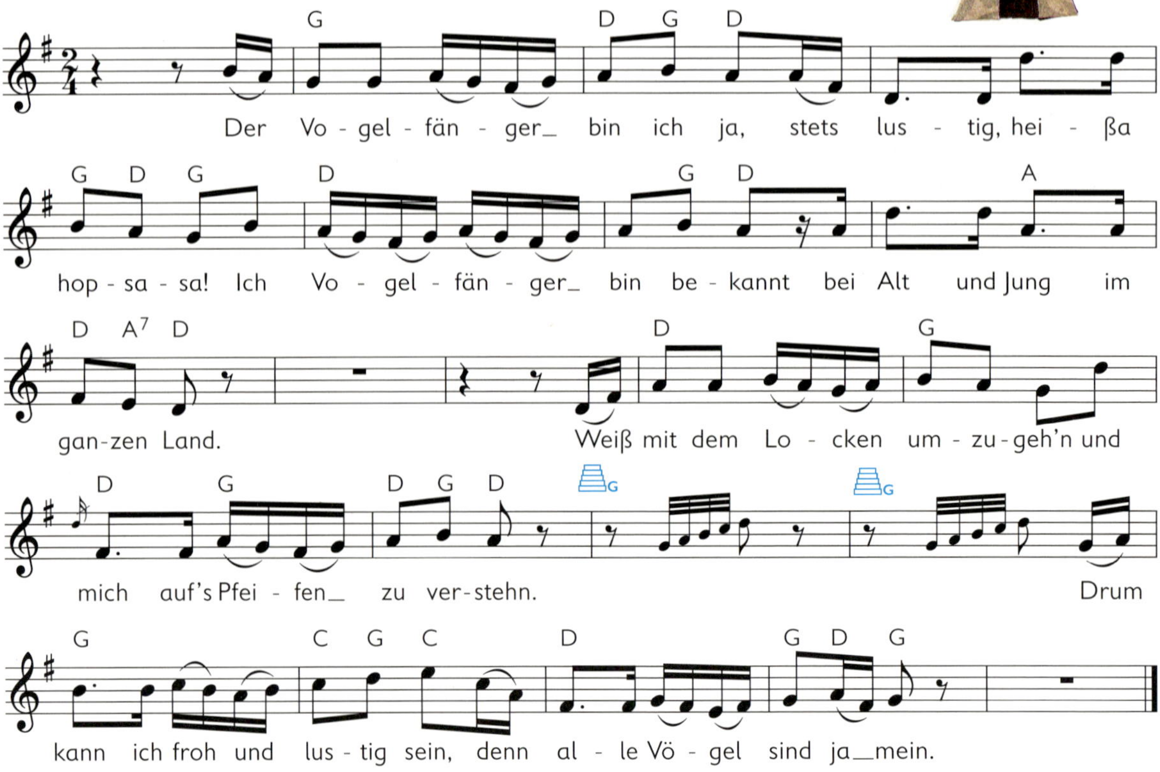

G D G D
Der Vo - gel - fän - ger_ bin ich ja, stets lus - tig, hei - ßa
G D G D G D A
hop - sa - sa! Ich Vo - gel - fän - ger_ bin be - kannt bei Alt und Jung im
D A7 D D G
gan-zen Land. Weiß mit dem Lo - cken um - zu - geh'n und
D G D G D G G
mich auf's Pfei - fen_ zu ver - stehn. Drum
G C G C D G D G
kann ich froh und lus - tig sein, denn al - le Vö - gel sind ja_mein.

1 Lest zuerst die Geschichte der Zauberflöte und betrachtet die Fotos. Welche Personen spielen in der Oper?

2 Beschreibt die Stimmung in Papagenos Lied. Schreibt Adjektive auf Kärtchen und stellt sie euch gegenseitig vor. Singt das Lied.

Auf Sarastros Burg bewacht Monostatos mit seinen Wächtern die Prinzessin Pamina. Als Papageno auf seinem Zauberglockenspiel spielt, beginnen sie zu singen und zu tanzen und Pamina kann entkommen. Tamino und Pamina verlieben sich ineinander.

3

Das klinget so herrlich 🔘 I/50

W: Emanuel Schikaneder
M: Wolfgang A. Mozart

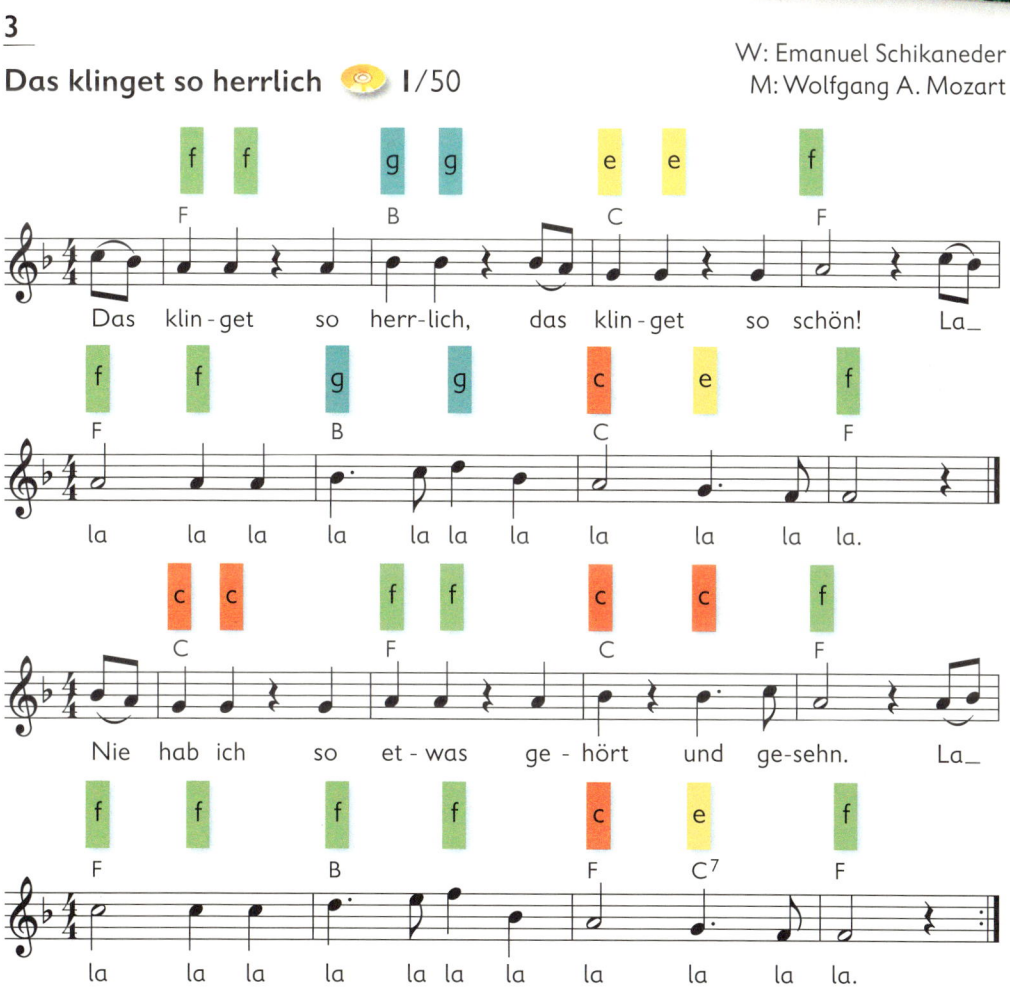

3 Bewegt euch zur Musik, als wäret ihr die verzauberten Wächter.
Singt und musiziert zur Musik des Zauberglockenspiels mit Stabspielen.

→ Oper, S. 91
→ W. A. Mozart, S. 77
♪ Handlung und Musik in Verbindung bringen
Lied singen und Stimmung beschreiben
zur Musik bewegen, musizieren und singen

Zwischen Gut und Böse

Die Sängerin muss hier viele kunstvolle Verzierungen machen und sehr hoch singen können.

Die Königin der Nacht, Paminas Mutter, ist wütend darüber, dass Sarastro ihr einen Teil seines Reiches nicht geben will. Pamina soll Sarastro töten. Die Königin schwört Rache und will auch ihre Tochter verstoßen, wenn sie ihr nicht gehorcht.

1/2

Die Königin der Nacht  I/51

Wut
Trauer
Rache
Zorn
Aufregung

Angst
Hoffnung
Freude
Glück
Liebe

3

Sarastros Arie  I/52

4

Beschreibungen für Musik

Sopran Bass

gebunden abgesetzt

schnell langsam

hoch tief

1 Setzt euch zu viert vor ein Blatt Papier. Jedes Kind notiert in einer Ecke, welche Gefühle die Musik ausdrückt. Vergleicht eure Ergebnisse. Nun zeichnet in die Mitte die Königin der Nacht, wie ihr euch sie vorstellt.

2 Gestaltet ein Standbild von Pamina und ihrer Mutter.
3 Hört Sarastros Arie. Auch er drückt seine Gefühle aus. Beschreibt die Musik.
4 Vergleicht die beiden Musikstücke und beschreibt sie mit diesen

Sarastro stellt Tamino drei Prüfungen.
Die Zauberflöte hilft ihm, sie zu bestehen.
Auch Pamina begleitet ihn dabei.

Tamino und Pamina haben
alle Prüfungen bestanden
und gehören nun zusammen.
Der Zauber der Königin der
Nacht ist gebrochen.
Und auch Papageno findet
am Ende sein Glück mit dem
Mädchen Papagena.

5

Papiertheater

6

Mozart und seine Zauberflöte

Wolfgang Amadeus Mozarts
Oper ist auf der ganzen Welt
bekannt und wird in vielen
Opernhäusern gespielt.
Viele Komponisten haben
sich die Zauberflöte als Vorbild
genommen. In Mozarts Geburts-
stadt Salzburg gibt es heute
einen Papagenobrunnen mit
Papagenofigur.

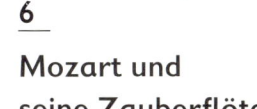

→ Arie, S. 88

→ gebunden, abgesetzt
→ Artikulation, S. 88

♪ Handlung und Musik
in Verbindung bringen
Malen zur Musik
Sprechen über Musik
szenisches Gestalten mit
verschiedenen Materialien

Begriffen. Was stellt ihr fest?
5 Wählt eine Szene aus der Zauberflöte aus und setzt sie mit Papierfiguren um.
Gestaltet eine Aufführung. Arbeitet auch in Gruppen.
6 Informiert euch, wo in eurer Nähe ein Theater oder Opernhaus „Die Zauberflöte" spielt.

Der Frühling hat viele Gesichter

Wenn es Frühling wird, verändert sich die Natur um uns herum ganz plötzlich: Überall duften Blüten und sprießen frische Knospen. Frühlingsfeste werden gefeiert. Besonders im April wechselt das Wetter häufig zwischen Sonnenschein, Wolken und Regen. Auch im Tierreich erwacht alles zu neuem Leben. Der Winterschlaf ist vorbei, Nester werden gebaut und Jungtiere geboren.

1

Haruga kita

W/M: aus Japan

1. Ha - ru ga ki - ta, ha - ru ga ki - ta, do-ko ni ki - ta,
2. Ha - na ga sa - ku, ha - na ga sa - ku, do-ko ni sa - ku,
3. Jetzt kommt der Früh-ling, jetzt kommt der Früh-ling, Blu-men blü - hen schon.

ya - ma ni ki - ta, sa - to ni ki - ta no ni mo ki - ta.
ya - ma ni - sa - ku, sa - to ni sa - ku, no ni - mo sa ku.
Und in den Wäl-dern sin - gen die Vö - gel man-chen fro - hen Ton.

2

Gewitter

W: Erwin Moser

Der Himmel ist blau
der Himmel wird grau
Wind fegt herbei
Vogelgeschrei
Wolken fast schwarz
Lauf, weiße Katz!
Blitz durch die Stille
Donnergebrülle!
Zwei Tropfen im Staub
dann prasseln auf Laub
Regenwand
Verschwommenes Land

Blitze tollen
Donner rollen
Es plitschert und platscht
Es trommelt und klatscht
Es rauscht und klopft
Es braust und tropft
Eine Stunde lang
Herrlich bang
Dann Donner schon fern
Kaum noch zu hör'n
Regen ganz fein
Luft frisch und rein
Himmel noch grau
Himmel bald blau!

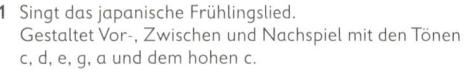

1 Singt das japanische Frühlingslied.
Gestaltet Vor-, Zwischen und Nachspiel mit den Tönen
c, d, e, g, a und dem hohen c.

2 Vertont das Gedicht in Gruppen.
Wählt passende Instrumente und auch Alltagsgegenstände aus
und präsentiert euch die Ergebnisse gegenseitig.

3

Willkommen im Frühling 🔊 II/1

W/M: Walter Kern

D   (h⁷)   G   A   D   (h⁷)

1. Ich schau aus dem Fens - ter, der Him-mel ist klar. Was ich ges-tern ahn - te, es

E⁷   A   D   (h⁷)   G   A

wird heu-te wahr: Ein son-ni-ger Mor - gen, vor-bei ist die Nacht! 1.–3. Will-

G   D   E⁷   A⁷   D

kom - men im Früh - ling, die Na - tur er - wacht, will -

G   D   *klatschen*   E⁷   A⁷   D

kom-men im Früh - ling, die Na - tur er - wacht!

© Helbling

2. Im blühenden Strauch sitzt ein Vogel und singt,
   wie schön, dass nun endlich die Welt wieder klingt!
   Ich sehe die Blumen, die Sonne, die lacht.

3. Am Gartenzaun klettert ein Käfer und brummt,
   im Schneeglöckchen sitzt eine Biene, die summt.
   Vorbei ist der Winter mit all seiner Macht.

4

Sommerfugl von Edvard Grieg 🔊 II/2

Auch der Norweger Edvard Grieg beschäftigte sich mit dem Frühling. Er schrieb
ein Klavierstück mit dem Namen „Sommerfugl" – das bedeutet „Schmetterling".

A	A	B	A	B	A	Schluss
Der Schmet-terling fliegt fröhlich hin und her.		Er wird langsamer und ruht ab und zu aus.			Am Ende wird er immer langsamer und landet erschöpft auf einer Blüte.	

🎵 Lieder singen und mit
    Melodieinstrumenten begleiten
    pentatonisch improvisieren
    Gedicht vertonen
    Teile in der Musik erkennen
    Musik in Bewegung umsetzen

3 Singt das Frühlingslied. Versucht es auch zweistimmig.
4 Hört das Klavierstück. Überlegt euch eine Bewegungsgestaltung
mit farbigen Papierschmetterlingen. Achtet auf die verschiedenen Abschnitte,
die kleinen Pausen und den Schluss.

Ein Fest auf der Ritterburg

So ähnlich feierte man vor ungefähr 600 Jahren:
Ritter und Edelfrauen aus dem ganzen Land
waren auf die Burg eingeladen.
Sie alle vergnügten sich bei Tanz und Gesang.
Die Musik der Spielleute und Minnesänger
wurde meist nur von einem zum anderen
singend weitergegeben.
In den Klöstern und Kirchen
begann man zu dieser
Zeit aber auch,
die Musik
aufzuschreiben.

1

Instrumente im Mittelalter

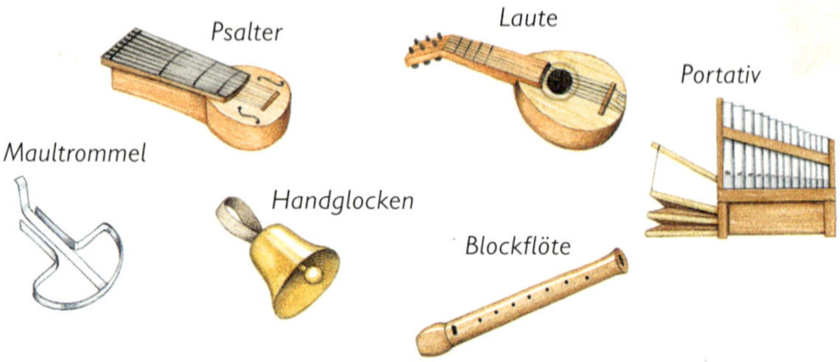

Psalter

Laute

Portativ

Maultrommel

Handglocken

Blockflöte

3

Königlicher Tanz 🔴 II / 3

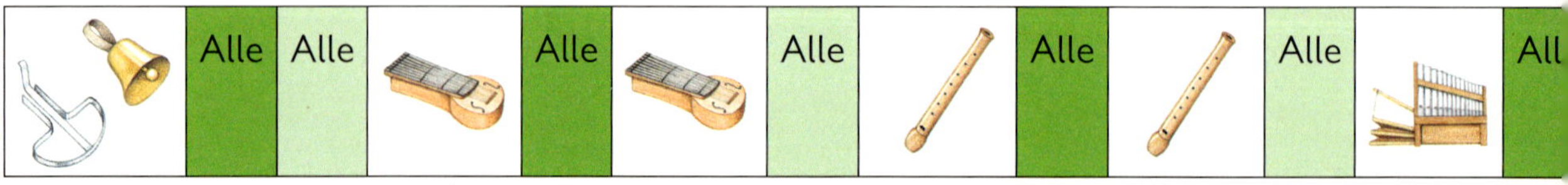

 | Alle | Alle |  | Alle |  | Alle |  | Alle |  | Alle |  | Alle |  | Alle |  | All

1 Vergleicht die mittelalterliche Notenschrift mit unserer heutigen.
2 Singt das mittelalterliche Lied auch als Kanon.
 Spielt es auf dem Metallofon.
3 Hört die mittelalterliche Musik mit den ungewohnten
 Instrumenten und verfolgt den Verlauf.

2

Kommt und lasst uns tanzen, springen

Kanon
W: überliefert
M: aus dem 13. Jahrhundert

Kommt und lasst uns tan - zen, sprin - gen,

kommt und lasst uns fröh - lich sein!

Der **3-Viertel-Takt** hat drei Grundschläge:

$\frac{3}{4}$ 1   2   3

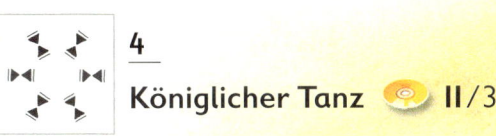

4

Königlicher Tanz II/3

$\large\text{♩}$ = halbe Note

re hinter   li ran   re vor   li ran   Begrüßungsgeste

Handtour   rechts umeinander   stehen   zum nächsten rechts

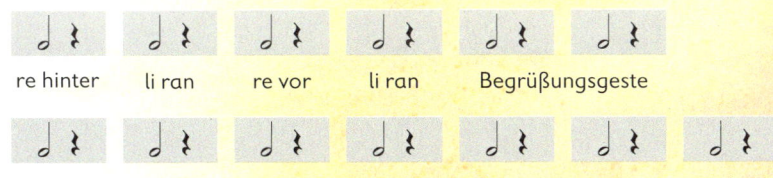

5

Mitspielsatz zu den Teilen 🟩🟩

Handtour

Alle   Alle   Alle Alle Alle

→ 3-Viertel-Takt → Taktart, S. 92
→ halbe Note, S. 90
→ Instrumente, S. 82
→ Spielleute, Minnesänger S. 90, 92
→ Handtour, S. 87

♪ mittelalterliche Instrumente kennenlernen

tanzen wie im Mittelalter

Begleitsatz

4 Tanzt zur Musik.
5 Spielt zur Musik mit, immer dann, wenn alle Instrumente zu hören sind (beim grünen und beim leicht veränderten hellgrünen Teil).

Osterfeuer – ein alter Brauch

Wir treffen uns am Osterfeuer.
Es riecht nach Holz und wärmt
Gesicht und Hände.
Wir werden still und lauschen
dem Knistern der Flammen.
Uralt ist dieser Brauch.
Früher wurde so der Winter vertrieben
und der Frühling begrüßt.

Die Musik wird mal lauter, mal leiser, mal schneller, mal langsamer …

… genauso wie die Flammen!

1 / 2 / 3

Tanz der Feuergeister von Gustav Holst 💿 II / 4

Das Feuer
wird entfacht.
Eine große
Stichflamme
erscheint.

Überall
steigen jetzt
einzelne Flammen
in die Höhe.

Das Feuer
lodert hoch auf.
Es brodelt und
rauscht.

Nun erlischt
das Feuer.
Die Flammen
werden immer
kleiner.
Nur noch etwas
Glut ist übrig.

1 Hört die Feuermusik. Verfolgt, wie die Musik die Flammen darstellt.

2 Erkennt das Flammenmotiv wieder.
3 Setzt die Feuermusik in einen Tanz mit Tüchern oder Streifen aus Krepppapier in passenden Farben um.

4

Feuerklänge

Experimentieren mit Klangerzeugern

5

Ihr Feuergeister aufgewacht ⊚ II/5

W: Hartmut E. Höfele
M: Günther Geisinger

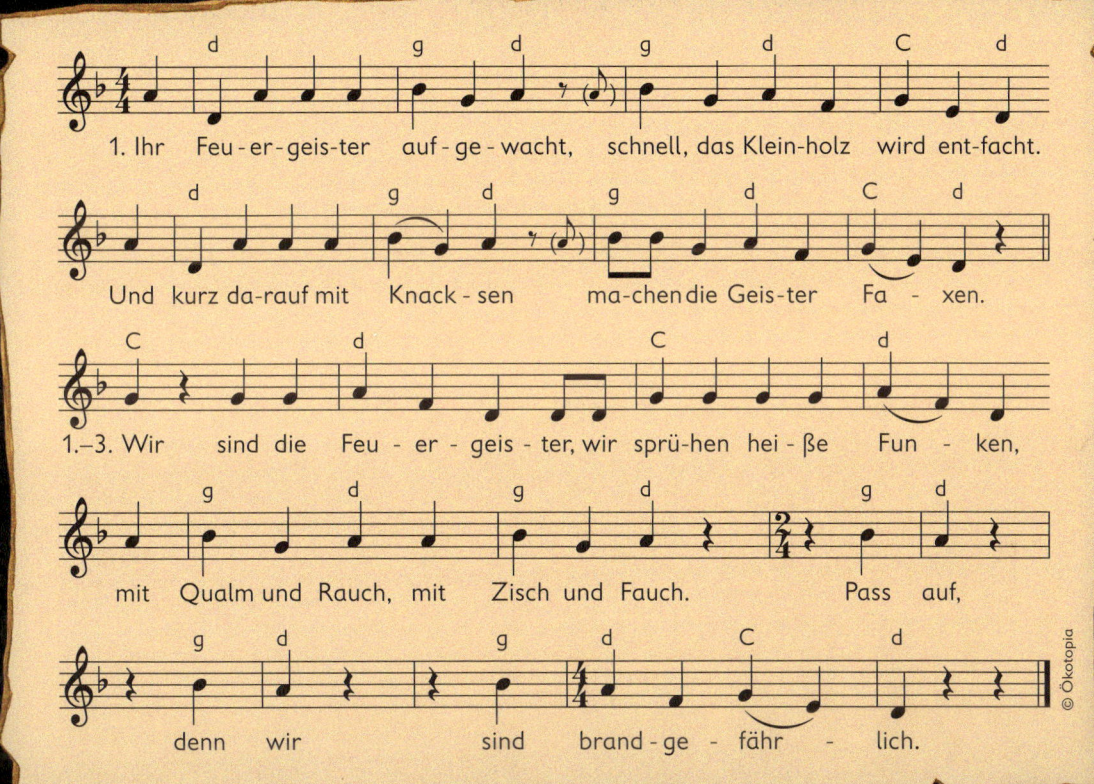

2. Ihr Flammengeister aufgewacht,
schnell das Lichtlein angemacht.
Und dann mit Flammenzungen
das Brennholz fest umschlungen.

3. Ihr Feuergeister gebt nun Acht,
gleich wird das Feuer ausgemacht.
Mit einem Eimer Wasser auch,
zum Himmel hoch steigt dann der Rauch.

Boomwhacker-Begleitung für die Strophen

4 Erfindet eine eigene Feuermusik. Nutzt dafür verschiedene Papiere.
Für das Aufsteigen der Flammen könnt ihr auch eure Stimmen nutzen.
5 Singt das Lied von den Feuergeistern. Begleitet die Strophen mit Boomwhackers
und den Refrain mit Papierklängen.

♪ Musik in Bewegung umsetzen
Klänge mit Papier erzeugen
Lied singen und begleiten

Tanzend durch die Zeit

DANSES NATIONALES DANS TOUS LES PAYS

LA POLKA (Pologne)

1

Sternpolka (traditionell) 💿 II/6

Beschwingt und schnell ist dieser Tanz aus
Böhmen, dem heutigen Tschechien, die Polka.
Dort entstand sie vor etwa 200 Jahren.
Vor allem bei den Bauern auf dem Land
war sie sehr beliebt und verbreitete sich schnell.
Die Menschen hatten damals das Bedürfnis, sich frei
und ohne steife Regeln zu bewegen. Heute ist die Polka neben dem Walzer
einer der beliebtesten Gesellschaftstänze in Europa.

2 / 3

Die Tanzschritte

Teil A

**Die Tanzpaare stehen
hintereinander
auf der Kreislinie.**

Es werden 16 Wechsel-
schritte abwechselnd
rechts und links im Kreis
gehüpft, dabei fassen sich
die Paare an der Hand.

Teil B

**Die Paare gehen
in 16 Schritten
auf der Kreislinie
vorwärts.**

Alle inneren Tänzer
legen die Arme
zusammen und bilden
damit einen Stern.

Deshalb heißt diese Polka „Sternpolka"!

---

1 Hört die Musik. Wie oft erklingt jeder Teil?

2 Probiert nun die Polkaschritte der Reihe nach aus.
Achtet auf den gehüpften Wechselschritt.

Teil C

Ohne Partnerwechsel:

Die Tanzpartner drehen sich zueinander.

„Holzhacker":

- mit den Händen auf die Knie schlagen
- klatschen in die eigenen Hände
- klatschen in die Hände des Partners
- mit den Armen nach oben Schwung holen

8 Wiederholungen

Mit Partnerwechsel:

Die inneren Tänzer drehen sich zu einem Innenkreis.

➡ Innenkreis „Holzhacker"

- mit den Händen auf die Knie schlagen
- klatschen in die eigenen Hände
- klatschen in die Hände der Nachbarn
- nach oben Schwung holen   *8 Wiederholungen*

➡ Außenkreis

In 16 Wechselschritten hüpfend um den Innenkreis herumtanzen.

Am Ende steht jeder hinter einem neuen Partner.

Vor-spiel	A	B	C	A	B	C	A	B	C	A	B	C	A	B	C	A	B	C

3 Übt den „Holzhacker" langsam.
Tanzt die Sternpolka mit allen Wiederholungen und
zuerst ohne, dann mit Partnerwechsel.

➡ *Polka, S. 91*
➡ *Polkaschritt, S. 87*
♪ *eine Polka einstudieren*
Wechselschritt gehüpft
Stern

Meine Lieblingsband

1

Wir hören Musik

2 / 3

Band-Instrumente II / 7

Die Band **Sunrise Avenue** kommt aus Finnland. Sie waren mit ihren Hits schon häufig in den Charts.

1 Musik kann man auf verschiedene Weise hören. Wie hört ihr am liebsten eure Musik und woher bekommt ihr sie?

2 Welche der dargestellten Instrumente hörst du im Hörbeispiel?
3 Welche Musik hört ihr gerade am liebsten? Welche Instrumente spielen die Mitglieder deiner Lieblingsband?

4

Grundlage jeder Band – das Schlagzeug

Zu einem Schlagzeug (englisch: Drumset) gehören mehrere Trommeln und Becken.
Der Drummer gibt das Tempo an und sorgt für den richtigen Beat.

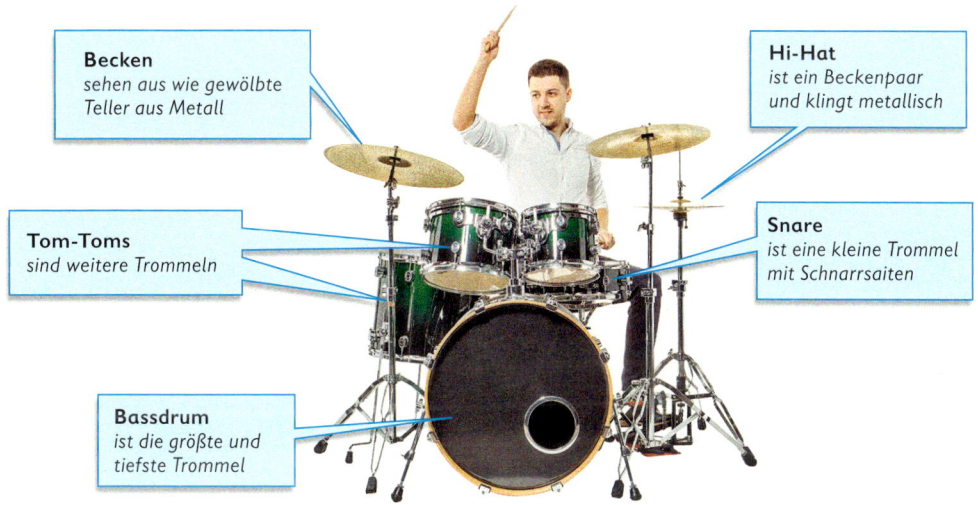

Becken
*sehen aus wie gewölbte
Teller aus Metall*

Hi-Hat
*ist ein Beckenpaar
und klingt metallisch*

Tom-Toms
sind weitere Trommeln

Snare
*ist eine kleine Trommel
mit Schnarrsaiten*

Bassdrum
*ist die größte und
tiefste Trommel*

6

Schlagzeug mit der Stimme

 II/9

Ihr könnt auch die Geräusche
eines Schlagzeuges mit der
Stimme nachmachen.
In der Popmusik nennt man
so etwas Beatboxing.

5

Grundbeat 💿 II/8

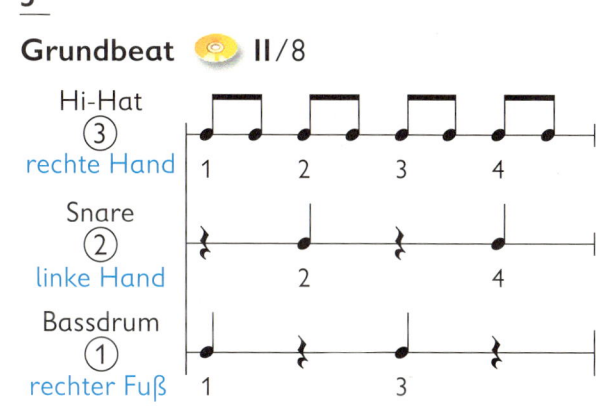

♩		♩		♩		♩	
Hi-Hat	ts	ts	ts	ts	ts	ts	ts	ts
Becken	pssssssssssss							
Snare			ksch				ksch	
Tom	bm	bm			bm	bm		
Bassdrum	gung			gung	gung			

→ Band-Instrumente, S. 83
→ Beatboxing, S. 88

🎵 Instrumente einer Band kennenlernen
aktuelle Musik hören
Teile des Drumsets kennenlernen
Grundbeat selbst spielen
Liedbegleitung mit Beatbox

4/5 Setzt euch mit zwei chinesischen Essstäbchen verkehrt herum auf einen Stuhl
und spielt so: Bassdrum mit einem Fuß, Snare mit linker Hand, Hi-Hat mit rechts.
Beginnt mit der Bassdrum.
6 Erarbeitet die Stimmen und begleitet damit verschiedene Musikstücke eurer Wahl.

In der Orchesterprobe

Benjamin Britten: Orchesterführer für junge Leute

1

Zu Besuch in der Orchesterprobe 🔘 II/10

2

Das Orchester

Ein Orchester hat meist eine feste Sitzordnung. Die leisen Instrumente sitzen vorn, die lauteren hinten. Jede Instrumentenfamilie bildet eine Gruppe. So kann sich der Dirigent gut orientieren.

Schlaginstrumente
Blechblasinstrumente
Holzblasinstrumente
Harfe
Streichinstrumente
Dirigent

1 Hört, was Musikus und Musika in der Orchesterprobe alles erleben. Sucht dabei im Foto die verschiedenen Orchesterinstrumente.

2 Findet nun die Instrumentenfamilien. Manche Instrumente gibt es nur einmal. Welche?

Das Sinfonieorchester

> Hier wurde eine Melodie verwendet, die schon über 300 Jahre alt ist und aus England stammt.

3

Der Dirigent
Er leitet das Orchester, gibt Einsätze und zeigt, wie die Musiker spielen sollen. Dafür braucht er die **Partitur**, in der alle Stimmen untereinander aufgeschrieben sind. Die Musiker sehen den Dirigenten besser, wenn er einen Taktstock benutzt.

4

„Orchesterführer für junge Leute"
von Benjamin Britten ◉ II/11

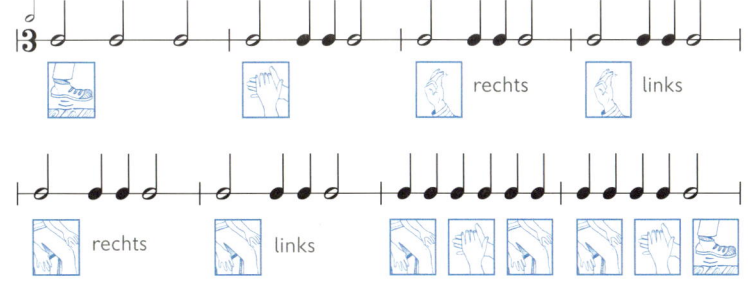

rechts   links

rechts   links

→ Sinfonieorchester, S. 92

♪ Instrumentenfamilien und Orchesterinstrumente kennenlernen

Aufbau einer Partitur erfassen

Rhythmische Begleitung zum Hauptthema

3 Schaut euch die Partitur an. Versucht alle Instrumentenfamilien zu finden. Welche Instrumente gehören in welche Familie?
4 Musiziert den Rhythmus auf Körperinstrumenten, wenn ihr das Hauptthema hört. Verwendet auch verschiedene Rhythmusinstrumente.

Der Klang von Mbira und Gankogui

Jedes Jahr im August feiern die Menschen in der ghanaischen Hauptstadt Accra das Erntefest.
Es beginnt mit einer großen Parade. Dabei tragen die Menschen ihre Ernte durch die Straßen. Andere singen und tanzen ausgelassen in farbenfrohen Gewändern. Auch der Verstorbenen wird gedacht.
Man bittet sie um Schutz vor Krankheiten und bedankt sich für die Geburt gesunder Kinder.
Überall gibt es Trommelkonzerte.

1

Sababou von Farafina II/12

Musik begleitet die Menschen in Ghana jeden Tag. Die Menschen singen beim Maisstampfen und musizieren auf selbst gebauten Instrumenten aus Naturmaterialien. Jeder Stamm hat seine eigenen Gesänge und Tänze.

2

Instrumente aus Ghana II/13

Die **Mbira** ist ein Daumenklavier. Unterschiedlich lange Metallstäbe werden an einem Kürbis oder Schildkrötenpanzer befestigt.

Die **Gankogui** hat eine große und eine kleine Eisenglocke und kann zwei Töne spielen.

Das **Balafon** ist unserem Xylophon ganz ähnlich. Den besonderen Klang erhält es durch ausgehöhlte Kürbisse als Klangkörper.

1 Gestaltet einen Kreistanz zur Musik. Einer macht eine Bewegung vor, die anderen machen sie nach. Bleibt dabei im Tempo.

2 Hört euch die Instrumente an und ordnet sie den Bildern zu. Wie klingen sie? Wie werden sie gespielt?

Musik aus Ghana

3
Kpanlogo 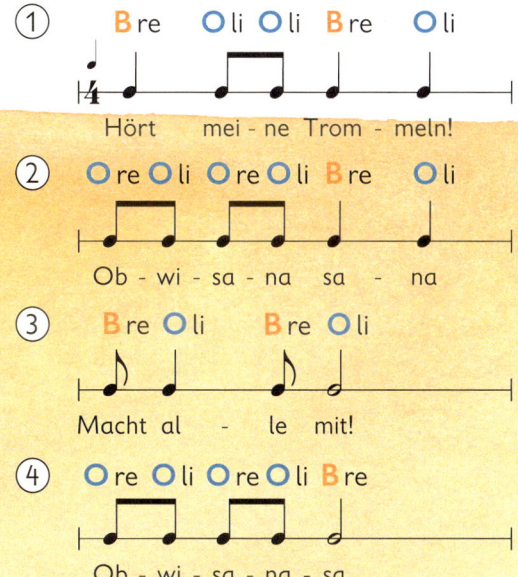 II/14

Die Königin der afrikanischen Instrumente
ist die Trommel. Die Kpanlogo, die aussieht
wie ein Fass, wird in Handarbeit aus einem
Baumstamm gehauen. Dann wird ein Fell
von einer Ziege oder Kuh darübergespannt.
Wie man darauf spielt:

> Wenn ein Musiker vorsingt oder vortrommelt und die anderen das nachmachen, nennt man das „call and response".

Bass (B):
Die flache
Hand schlägt
in die Mitte des
Trommelfells.

Open (O):
die flache
Hand schlägt
an den Rand
der Trommel.

① B re O li O li B re O li
Hört mei - ne Trom - meln!

② O re O li O re O li B re O li
Ob - wi - sa - na sa - na

③ B re O li B re O li
Macht al - le mit!

④ O re O li O re O li B re
Ob - wi - sa - na - sa

4
Obwisana sana  II/15

W/M: Rhythmusspiel aus Ghana

Ob-wi-sa-na sa - na. Ob-wi-sa-na sa. Ob-wi-sa-na sa - na. Ob-wi-sa-na sa.

Ob - wi-sa - na! Ob-wi-sa-na sa. Ob - wi-sa - na! Ob-wi-sa-na sa.

→ call and response, S. 88
→ Instrumente, S. 82
♪ Instrumente aus Afrika
   kennenlernen
   Musiktraditionen kennenlernen
   Percussion-Schlagtechnik
   ein Lied mit Pattern begleiten

3 Erarbeitet die verschiedenen Rhythmen im call and response.
  Versucht auch gleichzeitig zu musizieren.
4 Singt das Lied und begleitet es mit Trommelrhythmen.

Singen im Stadion

1

Musik im Stadion 💿 II/16

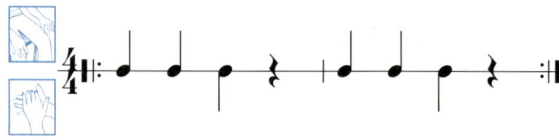

2

Stadion-Rhythmen

3

Fussball-Mosaik 💿 II/17

Arrangement: Bettina Küntzel

Fair play, fair way, my way! O -

lé, o - lé, o - lé, o - lé, we are the cham - pions, we are the cham - pions.

cham - pions, o - lé. Der Ball muss rein, der Ball muss rein, das kann ja

wohl so schwer nicht sein.

1 Welche bekannten Melodien hörst du heraus? Gestalte sie mit der Klasse: Einer singt vor, dann antworten alle im Chor. Kennt ihr noch andere?

2/3 Klatsche die Rhythmen. Verwende den zweiten Rhythmus, um das gesamte Lied zu begleiten.

4

Deutsche Nationalhymne  II/18

M: Joseph Haydn

Zu Beginn eines Fußball-Länderspiels erklingen die Nationalhymnen der beiden Mannschaften. Hier singt die deutsche Mannschaft am 13. Juli 2014 im Stadion der brasilianischen Hauptstadt Rio de Janeiro. Mit diesem Spiel gegen Argentinien wurde Deutschland Weltmeister.

Jedes Land hat eine eigene Nationalhymne.

beschwingt kraftvoll majestätisch abgesetzt gebunden

ruhig witzig feierlich tänzerisch aufgeregt ernst

5

Weltmeister-Rondo

W/R: Anne Boss

„Al-le vor, schießt ein Tor!", ru-fen wir ganz laut im Chor! Spa-ni-en, Por-tu-gal, Frankreich!

„Al-le vor, schießt ein Tor!", ru-fen wir ganz laut im Chor! Ar-gen-ti-nien, Deutschland, Ecu-a-dor!

„Al-le vor, schießt ein Tor!", ru-fen wir ganz laut im Chor! Holland, Cos-ta-ri-ca ...

🎵 Lied mit Rhythmen begleiten
Call and response
Nationalhymne kennenlernen
Musik beschreiben
eigenes Rondo erstellen

4 Hört euch die deutsche Nationalhymne an. Mit welchen Worten kann man sie gut beschreiben? Wählt aus. Zu welchen Anlässen wird sie außerdem gespielt?
5 Gestaltet ein Weltmeister-Rondo. Setzt es fort mit weiteren Ländern.

53

Tabaluga –
ein Musical für Klein und Groß

1

Ouvertüre 🔊 II/19

Lange vor unserer Zeit schlüpfte in Grünland ein
kleiner Drachen aus seinem Ei. Er war der letzte
seiner Art, und Tyrion, sein Vater, beschützte ihn,
so gut er konnte. Denn dieser kleine Drachen
sollte das Feuer und somit das Leben bewahren.
Hier beginnen die Abenteuer von Tabaluga …

2

Tabaluga und Tyrion

Aber Papa,
ich möchte fliegen
und Feuer spucken
und einfach tun, wonach
mir den Sinn steht!
Ich will nicht erwachsen
werden!

Mein lieber Sohn,
du bist der Bewahrer
des Feuers! Du kannst nicht
ewig nur umherfliegen.
Du musst noch
viel lernen!

3

Arktos' Tanz 🔊 II/20

Auf seiner „Reise zur Vernunft" begegnet
Tabaluga dem bösen Schneemann Arktos.
Er will all das Feuer und Leben vernichten
und macht auch vor Tabaluga nicht Halt.

1 Sprecht den Text ausdrucksvoll zur Musik.
2 Lest den Dialog. Was könnten die beiden noch sagen?
Spielt die Szene.

3 Arktos, der Schneemann, ist ein wahrer Bösewicht.
Findet passende Bewegungen zu seinem Lied. Ein Kind macht sie
vor, die anderen machen sie nach. Wechselt euch ab.

4

Nessaja – „Ich wollte nie erwachsen sein"  II/21

W: Rolf Zuckowski
M: Peter Maffay

Auf seiner langen Reise
begegnet Tabaluga der
alten und weisen
Schildkröte Nessaja.

„Erwachsen –
was heißt das schon?
Vernünftig – wer ist das schon?
Ich bin ich und du bist du,
das ist alles, was ich weiß.
Du bist jung und ich bin alt,
aber was kann das schon
bedeuten?"

© Red Rooster / Edition Discoton

2. Unten auf dem Meeresgrund,
   wo alles Leben ewig schweigt,
   kann ich noch meine Träume sehn,
   wie Luft, die aus der Tiefe steigt.

3. Ich gleite durch die Dunkelheit,
   und warte auf das Morgenlicht.
   Dann spiel ich mit dem Sonnenstrahl,
   der silbern sich im Wasser bricht.

5

Eine Aufführung gestalten

Die Abenteuer von Tabaluga werden seit 1999 als Musical in verschiedenen Theatern aufgeführt. Sein Schöpfer, der Rockmusiker Peter Maffay, denkt sich immer neue Geschichten und Lieder für seinen kleinen grünen Drachen aus.

→ Musical, S. 90
♪ Musicalszenen spielen
   Einleitungstext ausdrucksvoll
   vortragen
   tanzen und singen

4 Sprecht über die Worte der Schildkröte „Nessaja". Singt das Lied
5 Gestaltet eine eigene Aufführung. Bastelt dazu die Kostüme für Tabaluga, Arktos, Tyrion und Nessaja. Das Bühnenbild kann mit einem Projektor an einer Wand abgebildet werden. Erfindet weitere Spielszenen mit Musik und Dialogen.

Eine Stadt im Dixieland-Fieber

1

Dixieland-Parade II/22

Jedes Jahr im Mai treffen sich Jazzfreunde aus aller Welt in Dresden zum Dixieland-Festival. Jazz ist eine sehr rhythmische Musik, in der die Musiker sich oft spontan ausdenken, was sie spielen. Dixieland ist eine spezielle Form der Jazzmusik.

Tuba

Klarinette

Saxophon

Posaune

Banjo

Waschbrett

2

A little bit music (Kanon)  II/23

W/M: Roland Leibold

© Mildenberger

Make a litt – le bit mu – sic, sing a me – lo – dy,

make a litt – le bit mu – sic, sing a song___ for me, sing a

song for me, a litt – le me – lo – dy, a litt – le song for you and me, oh ...

1 Verfolgt die Parade im Hörbeispiel. Welche Instrumente erkennt ihr?

2 Singt den Kanon dreistimmig.

3

Chattanooga Choo Choo von Glenn Miller 🔴 II/24

In einer Bigband musizieren vor allem Blasinstrumente und eine Rhythmusgruppe. Diese besteht aus Schlagzeug, Klavier und Kontrabass. Die flotten Melodien der Bigbands sorgen seit den 1920er-Jahren für Stimmung.

4

Mitspielsatz St. Louis Blues March 🔴 II/25

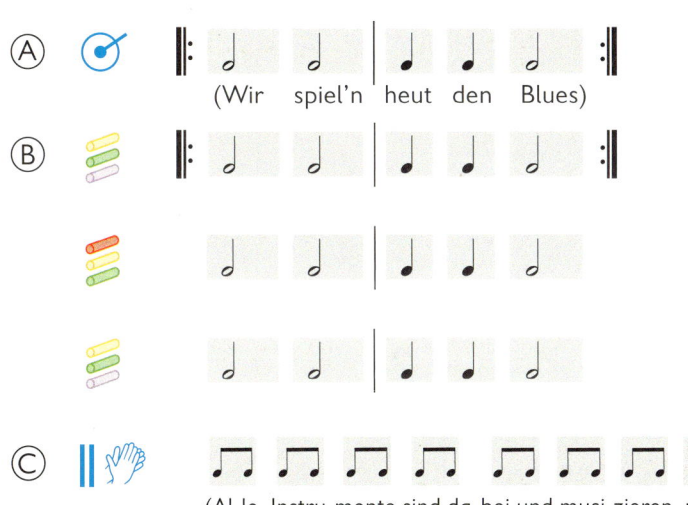

(A) (Wir spiel'n heut den Blues)

(B)

(C) (Al-le Instru-mente sind da-bei und musi-zieren mit)

(D) 3x

(E) 28 Takte

Es klingt so, als ob die erste Achtel länger als die zweite ist!

→ *Bigband, Jazz, S. 88, 89*

♪ *das aktuelle Musikleben erkunden*

Bigband-Instrumente kennenlernen

nach Partitur musizieren

3 Achtet auf den Beginn des Musikstücks. Welches Transportmittel wurde hier wohl vertont?
4 Erarbeitet den Mitspielsatz. Legt fest, welche Körperinstrumente im Teil D verwendet werden. Dieses Stück könnt ihr bei einem Konzertbeginn aufführen.

Tanzend durch die Zeit

1

Charleston! von Jazz Ensemble II/26

Vor etwa 100 Jahren entstand in Amerika
ein neuer Tanz: Der Charleston.
Nachdem er zuerst nur in Amerika getanzt
wurde, kam er später rasch zu uns nach Europa.
Der Charleston ist ein schneller und
ausgelassener Tanz, den man entweder zu zweit
oder auch allein tanzte. Arme und Beine wurden
dabei wild geschüttelt.
Typische Instrumente der Charleston-Zeit waren: Klarinette, Trompete,
Posaune, Saxophon, Schlagzeug und das Zupfinstrument Banjo.

2/3

Die Tanzschritte

1 rechtes Bein nach vorn auf die
Hacke stellen und wieder zurück,
danach linkes Bein ebenso

2 rechtes Bein nach hinten auf die
Spitze stellen und wieder zurück,
danach linkes Bein ebenso

3 rechts kick nach vorn,
links kick nach vorn

4 rechts kick, links kick   2x

Intro Alle Gruppen kommen nacheinander auf die Bühne und winken dabei abwechselnd mit der rechten und linken Hand.	1 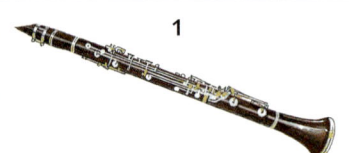	2 

1 Hört die Musik und versucht die typischen Instrumente
zu erkennen.

2 Bildet vier Gruppen. Wählt euch dann ein Foto aus und probiert
die abgebildeten Tanzschritte aus. Führt sie euch gegenseitig vor
und tauscht.

1-2 4x Knie zusammen und wieder auseinander bewegen

3 Hüftstütz links und dabei zweimal mit der rechten Hand in der Luft „wischen"

4 Hüftstütz rechts ebenso
Hüftstütz links, Hüftstütz rechts   *2x*

1 Nachstellschritt rechts
Nachstellschritt links

2 Nachstellschritt rechts
Nachstellschritt links

3-4 mit dem Po wackeln und dabei in die Knie gehen und wieder hoch   *2x*

1 Finger verschränken und Arme nach unten strecken, nach oben strecken

2 nach unten strecken, nach oben strecken, dabei Hüfte bewegen

3-4 4x Knie zusammen und wieder auseinander bewegen   *2x*

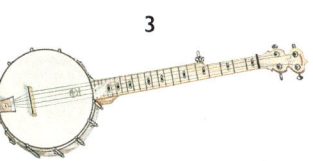

3

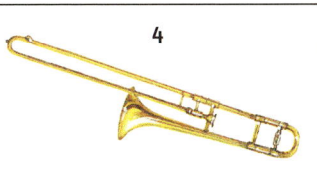

4

Schluss
Alle Gruppen winken abwechselnd links und rechts. Sie drehen sich dabei abwechselnd links und rechts im Kreis.
Abschlusspose.

3 Legt eine Reihenfolge fest, in der jede Gruppe allein vortanzen darf.
Beim Intro und am Schluss tanzen alle gemeinsam. Denkt euch eine Abschlusspose aus.
4 Tanzt euren Charleston. Mit einem Zylinder oder einer Federboa macht ihr ihn zu einem tollen Erlebnis. Filmt eure Aufführung.

→ Charleston, S. 88
♪ Charleston einstudieren
Hüftstütz
Klarinette, Trompete, Banjo, Posaune

Eine Musikwerkstatt in Bolivien

Alberto und Juana leben in Sucre, der Hauptstadt Boliviens.
Ihre Eltern sind sehr arm wie viele Menschen hier. Nie hätten
sie gedacht, dass sie einmal lernen könnten, ein Instrument
zu spielen. Aber seit einigen Wochen ist das kein Traum mehr
für sie. Sie bekommen kostenlosen Unterricht in der Musikwerkstatt „Canto Sur".
Alberto übt jetzt auf der Charango, und Juana spielt schon
gut auf der Queña. Bald dürfen sie auch in die Werkstatt
und bei der Herstellung dieser Instrumente mithelfen.
Schon ihre Vorfahren bauten Zampoñas und Queñas.

Alberto und Juana mit den anderen
Kindern beim Unterricht

In der Instrumentenwerkstatt

1

Wara Warita von Canto Sur 🔘 II/27

Caja　　**Queña Queña**　　**Charango**　　**Zampoña**
　　　　　　(große Queña)

2

:|| = Wiederholungszeichen

Auch gesungen und getanzt wird
gemeinsam. Einmal im Jahr, am
wichtigsten Feiertag der Stadt
dürfen die Kinder die Morenada
mittanzen. Über 300 Tänzer tanzen
dann durch die Straßen der Stadt.

Morenada in Sucre

1 Hört, wie die Lehrer der Musikwerkstatt „Canto Sur"
gemeinsam singen und musizieren. Neben Schlagzeug, E-Gitarre
und E-Bass spielen sie auch traditionelle Instrumente.
Welche hört ihr am Beginn?

2 Trommelt diesen Rhythmus zu den Instrumentalteilen.

3/4

Pollerita I/28, 29

dt. Text: Sonja Hoffmann
M: aus Bolivien

A G   D

Po - lle - ri - ta, po - lle - ri - ta, Rö - cke sich dre - hen,

G   D

po - lle - ri - ta, po - lle - ri - ta, im Win - de we - hen.

Kreuzfassung
rechts herum drehen
links herum drehen

Tan - zen und sin - gen, Tö - ne er - klin - gen

Fis⁷   h   *fine*

auf der Cha - ran - guit - to.

Fassung lösen,
3 Schritte voneinander
weg und 3x klatschen
3 Schritte aufeinander
zu und 3x klatschen
Luftgitarre spielen

B G   D

Und es tan - zen al - le mit, hal - ten mit dem

Fis⁷   h

Rhyth - mus Schritt, drehn al - lein sich rechts he - rum,

allein frei im Raum gehen
allein rechts um die eigene
Achse drehen
allein frei im Raum gehen
allein links um die
eigene Achse drehen

G   D

dann ein Stück - chen wei - ter - gehn, und al - lein sich

Fis⁷   h   *da capo*
                                  al fine

links - rum drehn, schaun nach ei - nem Freund sich um.

einen neuen Partner
suchen und finden
– Kreuzfassung

→ Instrumente, S. 83
→ Wiederholungszeichen, S. 93
♪ Musiktraditionen der Welt kennen
  Tanzanleitung umsetzen

3 Welche Instrumente hört ihr bei dem bolivianischen Tanzlied heraus?
4 Singt das Lied und tanzt dazu.

Im Sommer

Endlich ist der Sommer da!
Wie das klingt – Kinder springen lachend in die Badeseen,
der Eisverkäufer klingelt und die Grillen zirpen in der Wiese.
Was kannst du noch alles hören?

1

Ich bleib hier 💿 II/30

W: Peter Plate & Ulf Leo Sommer
M: Peter Plate, Ulf Leo Sommer & Daniel Faust

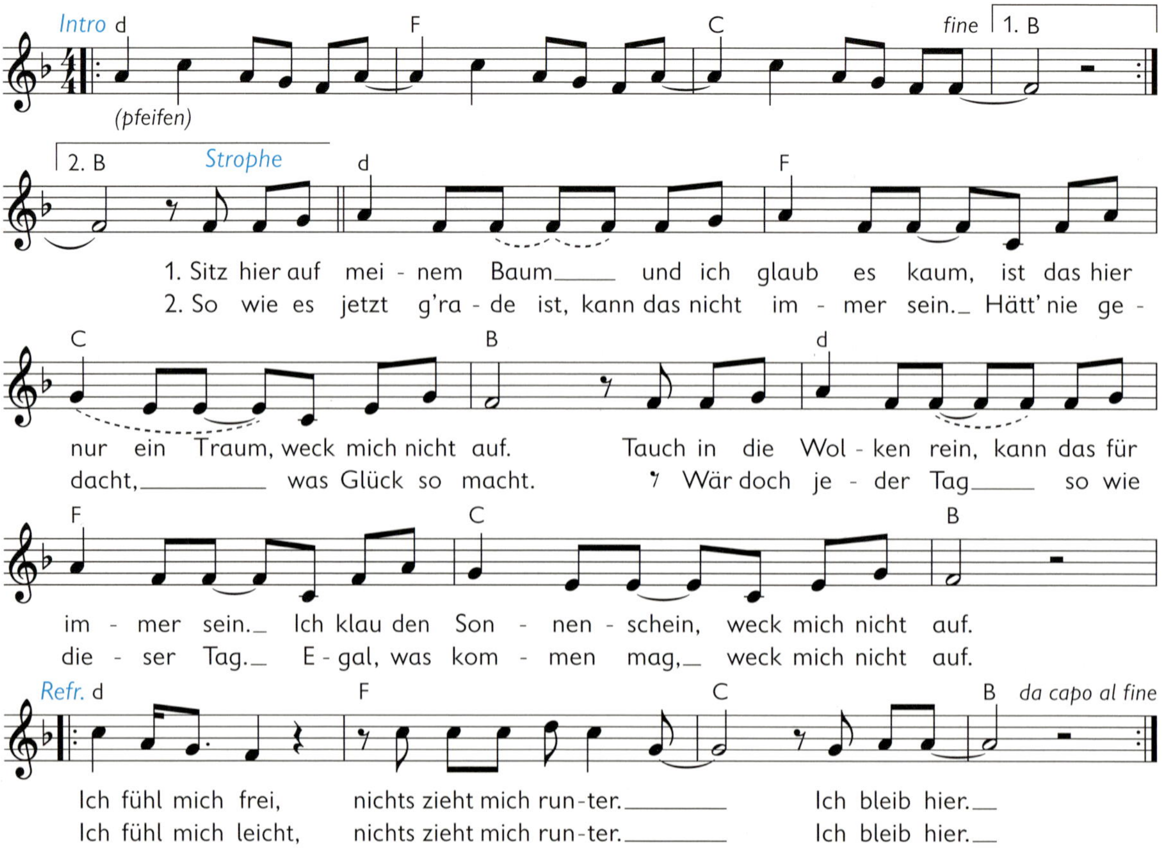

Intro d / F / C / fine | 1. B

(pfeifen)

| 2. B *Strophe* d / F

1. Sitz hier auf mei - nem Baum_____ und ich glaub es kaum, ist das hier
2. So wie es jetzt g'ra - de ist, kann das nicht im - mer sein._ Hätt' nie ge -

C / B / d

nur ein Traum, weck mich nicht auf.　　Tauch in die Wol - ken rein, kann das für
dacht,_____ was Glück so macht.　　 ↱ Wär doch je - der Tag_____ so wie

F / C / B

im - mer sein._ Ich klau den Son - nen - schein, weck mich nicht auf.
die - ser Tag._ E - gal, was kom - men mag,_ weck mich nicht auf.

Refr. d / F / C / B *da capo al fine*

Ich fühl mich frei,　　nichts zieht mich run-ter._____　　Ich bleib hier._
Ich fühl mich leicht,　 nichts zieht mich run-ter._____　　Ich bleib hier._

© Partitur

Ablauf: Intro (2x pfeifen)
1. Strophe – Refrain – Intro (auf *da-da*)
2. Strophe – Refrain – Intro (auf *da-da*) – Refrain

1 Singt das Lied und begleitet es mit den Klangstäben d, f, c und b.
　Schaut auf die Buchstaben für die Akkorde über dem Lied.

62

2

Sommarsang

von Wilhelm Peterson-Berger  II/31

Der schwedische Komponist
Wilhelm Peterson-Berger vertonte
die Schönheit der Jahreszeit in seinem
Stück „Sommarsang".

3

In the summertime II/32

W/M: Ray Dorset

In the sum - mer____ time when the weath-er is high   you can stretch right__ up   an'__

touch the sky.__ When the weath-er's__ fine,   you got wom-en, you got wom-en, on your

mind.   Have a drink, have a drive,   go out__ an's see what you can find.

© Broadley/Associated/Sony

Begleitung für Stimmen:

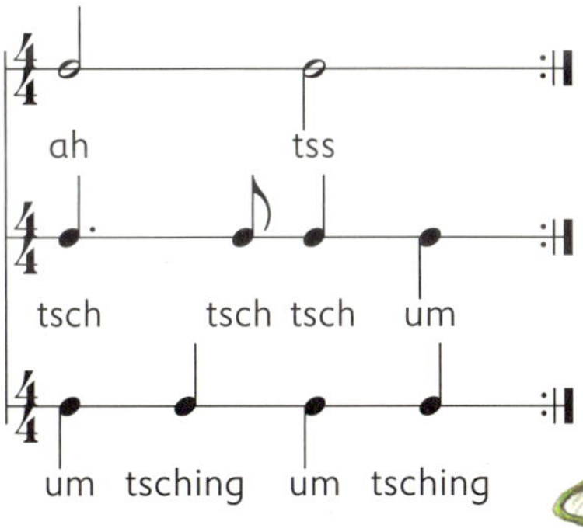

ah   tss

tsch   tsch tsch um

um tsching um tsching

♪ gemeinsames Malen
zum Musikhören

*Lied mit Stimmen und
Basstönen begleiten*

2 Hört die Musik und lasst dazu ein Sommerbild entstehen.
3 Gestaltet das Lied mit Klangbausteinen und Stimmen.

Abschiedsstimmung

So schnell verging die Grundschulzeit
und nun heißt es Abschied nehmen.

W: Rita Mölders/
Dorothe Schröder
M: Reinhard Horn

1

Die vier Jahre geh'n zu Ende II/33

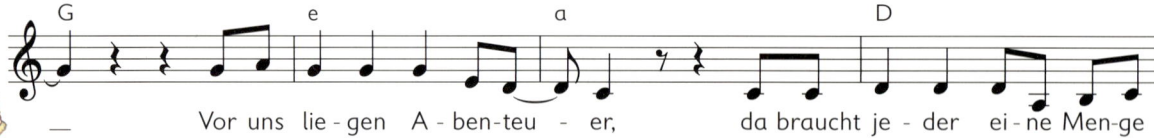

2. Manchmal war das Lernen schwierig
und es brauchte seine Zeit.
Doch das eine, das ist sicher:
Wir Kinder wissen nun Bescheid.
Ob Mathe oder Sprache,
Musik, Kunst, Sport und Religion,
die Schule hat uns Spaß gemacht,
doch leider geh´n wir schon.

3. Nun zu euch, ihr lieben Eltern,
ihr wart immer für uns da,
und ihr habt uns stets begleitet,
durch dick und dünn, die ganzen Jahr'
Wir war'n ne tolle Klasse,
das sehen selbst die Lehrer ein.
Doch fällt der Abschied uns auch schwer,
ihr könnt auch fröhlich sein.

© Kontakte

1 Gestaltet ein Abschlussfest mit eurer Klasse.
Wählt eure Lieblingslieder und -tänze aus und
führt sie euren Gästen vor.

2 Singt das Lied.
3 Tanzt die Polonaise mit allen Gästen eures Abschlussfestes.
Ihr könnt sie auch als festliche Eröffnung nutzen.

3

Polonaise II/34

Figur 1
Halbieren des
Tanzraumes und
erste Begegnung

Figur 2
Rechts und links
abbiegen und
durch Tore gehen

4

Abschiedsspiel II/35

dt. Text:
Heinz Lemmermann
M: aus Afrika (Zulu)

Ham - ba - ni kah - le, ham - ba - ni kah - le,
1. Gehn wir_ in Frie - den, gehn wir_ in Frie - den,

Ich werde dich vermissen

ham - ba - ni kah - le in - ko - si ma-yi - be na - ni.
gehn wir_ in Frie - den den Weg, den wir_ ge - kom - men.

Alles Gute für dich!

Viel Glück!

© Fidula

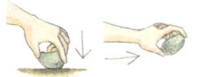 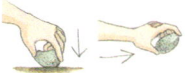

→ Polonaise, S. 91

♪ publikumsorientiertes
Musizieren eines
thematischen Programmes

4 Bemalt selbst gesammelte Steine und schreibt gute Wünsche drauf. Am Ende könnt ihr
sie verschenken. Das afrikanische Lied erzählt vom Frieden. Bildet einen Kreis und singt
es gemeinsam. Gebt dazu die Steine im Rhythmus der Musik weiter.

Zum Wachwerden

W: Brigitte Antes
M: Gerd-Peter Münden

Klasse, wir singen

1.–4. Klas-se, wir sin-gen, sin-gen steckt an!__ Sin-gen macht Spaß, weil je-der es kann. Singt man zu-sam-men, ist das der Hit!__ Klas-se, wir sin-gen, komm, sing doch mit! 1. Sin-gen kann man ü-ber-all,__ Freu-de macht's auf je-den Fall. In der O-per, auf dem Klo,__ in der Wan-ne so-wie-so. __ Auch im Au-to auf der Rei-se, sanft und fet-zig, laut und lei-se.__

2. Wenn man einmal traurig ist,
weil das Leben launisch ist,
wenn nicht alles uns gelingt,
leichter wird es, wenn man singt.
Singt man seine Lieblingslieder,
kommt die gute Laune wieder.

3. Schön ist es, allein zu sein,
schöner aber ist's zu zwei'n.
Kommen noch ein paar dazu,
ist das schon ein Chor, juchu!
Hey, wenn wir zusammen singen,
wird das noch viel besser klingen!

4. Manchen fällt das Singen schwer,
ach, es muss ein Virus her,
der ganz heimlich, ungeniert,
auch den Letzten infiziert!
Dann entsteht ganz auf die Schnelle
eine große Singewelle.

Alle machen mit

W/M: Werner Beidinger

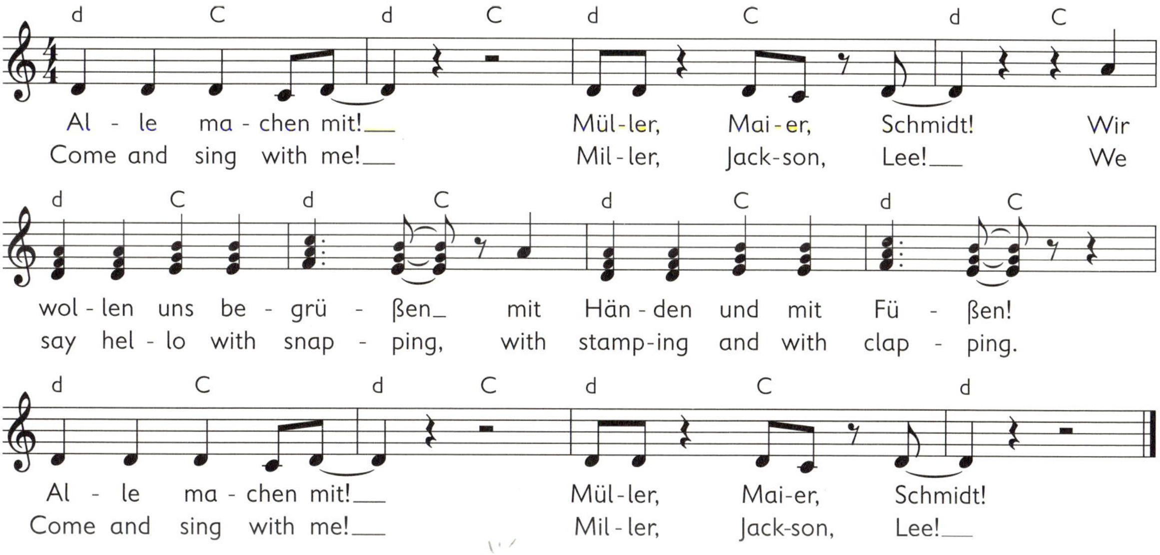
d C d C d C d C
Al - le ma - chen mit! Mül-ler, Mai-er, Schmidt! Wir
Come and sing with me! Mil-ler, Jack-son, Lee! We
d C d C d C d C
wol - len uns be - grü - ßen mit Hän - den und mit Fü - ßen!
say hel - lo with snap - ping, with stamp-ing and with clap - ping.
d C d C d C d
Al - le ma - chen mit! Mül-ler, Mai-er, Schmidt!
Come and sing with me! Mil-ler, Jack-son, Lee!

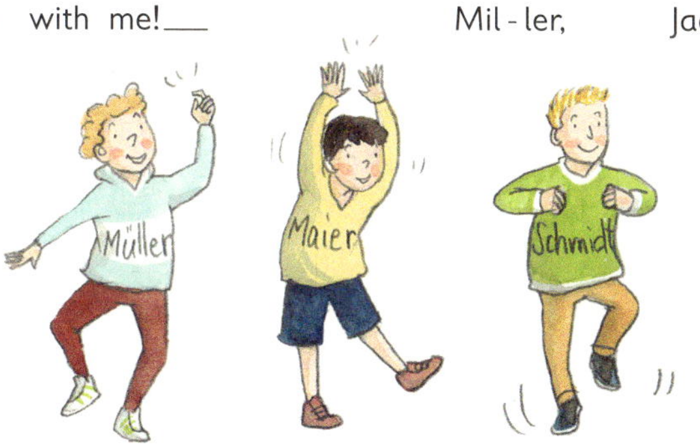
Müller
Maier
Schmidt

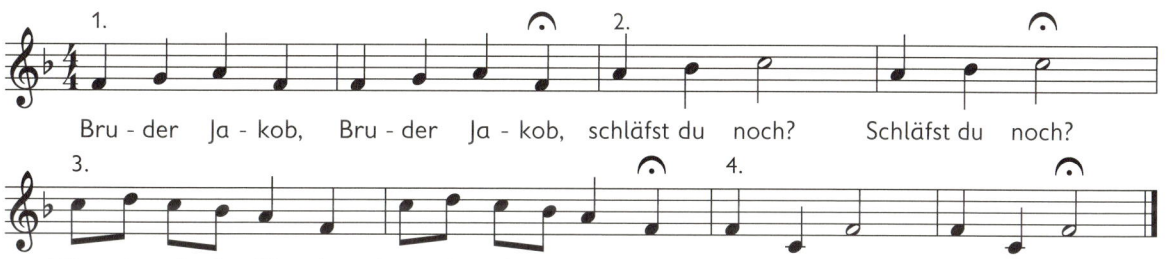

Bruder Jakob (Kanon)

W/M: aus Frankreich

1. 2.
Bru - der Ja - kob, Bru - der Ja - kob, schläfst du noch? Schläfst du noch?
3. 4.
Hörst du nicht die Glo - cken, hörst du nicht die Glo - cken? Ding, ding, dong, ding, ding, dong!

England:

Are you sleeping, brother John?
Morning bells are ringing,
ding, dong, dong.

Frankreich:

Frère Jacques, dormez-vous?
Sonnez les matines,
ding, dong, dong.

Italien:

Fra Martino, campanaro, dormi tu?
Souna le campane:
ding ding dong.

Türkei:

Jakup usta, haydi kalk,
saatine bir bak,
bom, bom, bom.

Durch das Jahr

Im Nebelhexenwald

W/M: Rolf Jahnz

1. Ab - seits vom Wan - der - we - ge, im dunk - len Wald ver - steckt, da
steht ein al - tes Haus aus Stein, das von grü - nem Moos be - deckt. Die
Schei - ben sind zer - bors - ten, das Dach hängt schief und krumm, und
wer hier spät vor - bei - kommt, der kehrt schnell wie - der um.

2. Die alten Leute sagen: „Da spukt es in der Nacht."
   Zwei grüne Augen wachen dort, in dem Haus, drum habet Acht.
   Sie leuchten und sie funkeln, mal hier, bald da, bald dort.
   Ist das vielleicht die Hexe? Oh, wäre sie bloß fort.

3. In Vollmondnächten sieht man die weißen Nebel zieh'n.
   Dann traut sich niemand aus dem Dorf, zu dem Haus, wo Augen glüh'n.
   Die Leute rücken enger, wenn's Käuzchen heiser schreit.
   Nun schwebt die Hexe wieder, 's ist Nebelhexenzeit.

4. „Sieh nur, die Augen leuchten, sie leuchten hell und klar."
   Der Junge schreit: „Schnell, lass uns flieh'n, denn hier sind wir in Gefahr."
   Das Mädchen lacht: „Da schau nur! Was halt ich auf dem Arm?
   Ein süßes kleines Kätzchen. Es schnurrt und ist ganz warm."

Winterpracht

W/M: Hans-Jürgen Bareiss

1.–4. Lei - se in der Nacht kam___ die wei-ße Pracht,

zog___ ihr Win-ter-kleid ü - bers Land, ganz sacht.

1. Still liegt die Welt wie in Dau - nen ge - hüllt. Al - les er -

hellt und von Licht ganz er - füllt. |1. Licht ganz er - füllt. |2. Licht ganz er - füllt. *weiter mit Refrain*

2. Eiszapfen funkeln und leuchten ins Haus,
   spielen im Dunkeln und locken hinaus.

3. Über die Fluren von gleißendem Schnee
   folg ich den Spuren von Hase und Reh.

3. Gestern war's um mich noch finster und grau.
   Heut ist's so herrlich, wohin ich auch schau.

Ach, bittrer Winter

T: aus dem 16. Jahrhundert
M: aus dem 17. Jahrhundert

1. Ach, bitt - rer Win - ter, wie bist du kalt!
2. Die bun - ten Blü - me-lein sind wor - den fahl,

Du hast ent - lau - bet den grü - nen Wald.
ent - flo - gen ist___ uns Frau Nach - ti - gall!

Du hast ver - blüht die Blüm - lein auf der Hei - den.
Sie ist ent - flo - gen, wird sie wie - der sin - gen?

Liedanhang

Still senkt sich die Nacht hernieder

T: Hermann Heinz Wille
M: Gerhard Wohlgemuth

© Friedrich Hofmeister

1. Still senkt sich die Nacht her-nie-der. Rings das Land liegt tief ver-schneit und es klin-gen al-te Lie-der. O du schö-ne Weih-nachts-zeit! O du schö-ne Weih-nachts-zeit!

2. Steht inmitten weißer Wälder lichtgeschmückt ein grüner Baum.
   Lichterbaum der fernen Wälder: O du schöner Friedenstraum.

3. Stille Nacht – die Sterne künden: Frieden über Flur und Feld;
   auch der Mensch soll Frieden finden: Frieden, Frieden aller Welt!

Lulajže Jezuniu (Marias Schlaflied für das Jesuskind)

aus Polen
dt. Text: Klaus W. Hoffmann

© Aktive Musik

Lu-laj-že Je-zu-niu, mo-ja pe-réł-ko, lu-laj u-
1. Je-sus-kind, schla-fe,— sollst ru-hen und träu-men! Drau-ßen, da

lu-bio-ne me pie-ści-deł-ko. 1.–4. Lu-laj-že— Je-zu-niu,
ra-schelt der Wind in den Bäu-men. Schla-fe, mein Kind, schlaf ein,

lu-laj-že lu-laj, a ty go, ma-tu-lu, w pla-czu u-tu-laj!
lei-se, ganz lei-se, trägt dich mein Lied mit sich fort auf die-se Rei-se.

2. Träum von den Hirten,
   sie brachten dir Gaben,
   obwohl sie selbst kaum
   zum Leben was haben.

3. Täum von den Königen
   aus fernen Landen,
   die mit dem Stern
   ihren Weg zu dir fanden.

4. Träum von den Kindern,
   von ihren Besuchen,
   schenkten dir Blaubeeren,
   Mandeln und Kuchen.

Weihnachten in Familie

W: Gisela Steineckert
M: Frank Schöbel

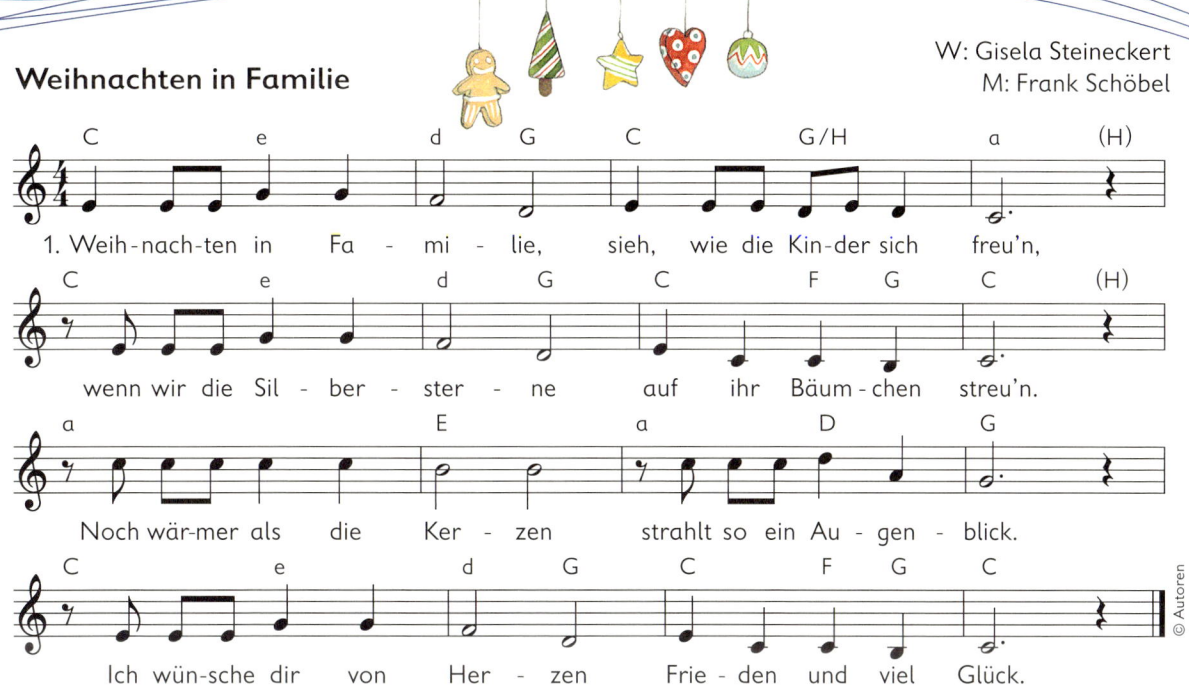

1. Weih-nach-ten in Fa-mi-lie, sieh, wie die Kin-der sich freu'n,
wenn wir die Sil-ber-ster-ne auf ihr Bäum-chen streu'n.
Noch wär-mer als die Ker-zen strahlt so ein Au-gen-blick.
Ich wün-sche dir von Her-zen Frie-den und viel Glück.

2. Weihnachten in Familie, alle sind zeitig zu Haus.
Holen die Heimlichkeiten aus Verstecken raus.
Noch wärmer als die Kerzen strahlt so ein Augenblick.
Ich wünsche dir von Herzen Frieden und viel Glück.

3. Weihnachten in Familie, bist du da einmal allein.
Wir wollen in Gedanken alle bei dir sein.
Noch wärmer als die Kerzen strahlt so ein Augenblick.
Wir wünschen dir von Herzen Frieden und viel Glück,
Frieden und viel Glück.

M: aus Ostafrika (in Swahili)
dt. Text: Pit Budde

Freut euch über jeden Tag (Atuletea amani)

Freut euch ü-ber je-den_ Tag, hier auf die-ser Er-de.
Mzu-ri ndi-yo wa-ka-ti huu, ha-pa du-ni-a-ni.

Freut euch, denn der Kö-nig_ kommt. Er bringt uns den Frie-den.
A-na-ku-ja mfal-me m-kuu. A-le-ta a-ma-ni.

Er bringt uns Lie-be und Frie-den.
A-tu-le-te-a a-ma-ni.

Sing was vom Schmetterling

W: Margarethe Jehn
M: Wolfgang Jehn

1. Wenn der Win - ter mü - de wird und auf heim - li - chen Stra - ßen uns're schlau - en ro - ten Füch - se schon den Früh - ling rein - las - sen, dann lässt er sich seh'n, dann kommt er ge - zo - gen, 1.–4. ge - gau - kelt, ge - flo - gen, ganz leicht und so schön. Schmet - ter - ling, sing, sing, sing was vom Schmet - ter - ling!_____

© Worpsweder Musikwerkstatt

2. Hinter all den Vögeln her, die im Sommer bei uns wohnen,
zieht ein großes Falterheer, bunte Wolken, Millionen,
übers Land, übers Meer, dann kommen sie gezogen …

3. Eine Raupe, die muss gehen auf ganz kurzen dicken Beinen,
wie durch trübe Fenster sehn, mit den Augen, mit den kleinen,
und dann spinnt sie sich ein, träumt sie, sie käm' gezogen …

4. Wo die Brennnesseln stehn, lauter Schmetterlingswiegen,
lassen sie die Zeit vergehn, bis sie bunte Flügel kriegen,
und dann lassen sie sich sehn, dann kommen sie gezogen …

Es wollen zwei auf Reisen gehen

W: Erika Engel
M: Friedel Heddenhausen

1. Es wol-len zwei auf Rei-sen gehn und sich die wei-te Welt be-sehn. Der
Kof-fer macht den Ra-chen breit: Komm mit, es ist so weit. 1.–4. Wo-
hin soll denn die Rei-se gehn? Wo-hin, sag, wo-hin, ja wo-hin? Wo
wir den bun-ten Som-mer sehn, da-hin, ja, da-hin.

2. Weil heiß das Reisefieber brennt,
   weckt es die Lust, die jeder kennt,
   hinauszuziehn im Wanderschritt.
   Es ist so weit, komm mit!

3. Der Sommertag, wie schön er war –
   so blumenbunt und sonnenklar.
   Die Bahn auf blanker Schienenspur
   durch grüne Landschaft fuhr.

4. Sie kommen schon, das Ziel ist nah!
   Es trägt die Mundharmonika
   den frohen Klang den Weg zurück –
   das Lied vom Ferienglück.

Lesen heißt auf Wolken liegen

W/M: Christa Zeuch

1. Willst du ein-mal weit auf Rei-sen gehn, and-re Menschen und ihr Land ver-stehn? Dann lies ein Buch, in dem's be - schrie - ben ist, du fühlst dich so, als ob du selbst dort bist! 1.–5. Le - sen heißt, auf Wol-ken_ lie - gen, o-der wie ein Vo-gel flie-gen. Such dir aus, was dir ge - fällt, schau von o - ben auf die Welt.

© Arena

2. Suchst du einen Freund, der dich versteht
   und der mit dir in die Fremde geht,
   dann frag nach einem Kind, das Däumling
   heißt und gern in deiner Hosentasche reist.

3. Wünschst du dir ein großes Abenteuer,
   dann zieh los, bekämpf ein Ungeheuer!
   Willst du Astronaut im Weltall sein,
   dann steig ins Buch, es trifft genauso ein.

4. Manchmal drehst du einfach an der Zeit,
   schon erlebst du die Vergangenheit,
   bist Ritter, Räuber oder Harlekin
   und darfst mit ihnen durch die Lande ziehn.

5. Jedes Buch ist irgendwann mal aus,
   schade! Aber mach dir nichts daraus.
   Nun träum, stell Fragen oder aber such
   dir schnell ein neues, schönes Lesebuch.

Abschied

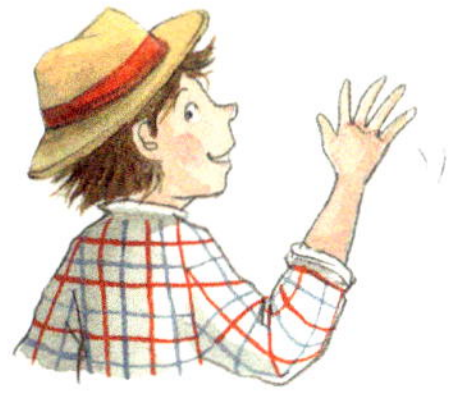

Adios

W/M: Deborah Dunleavy
dt. Text: Antje Behrens

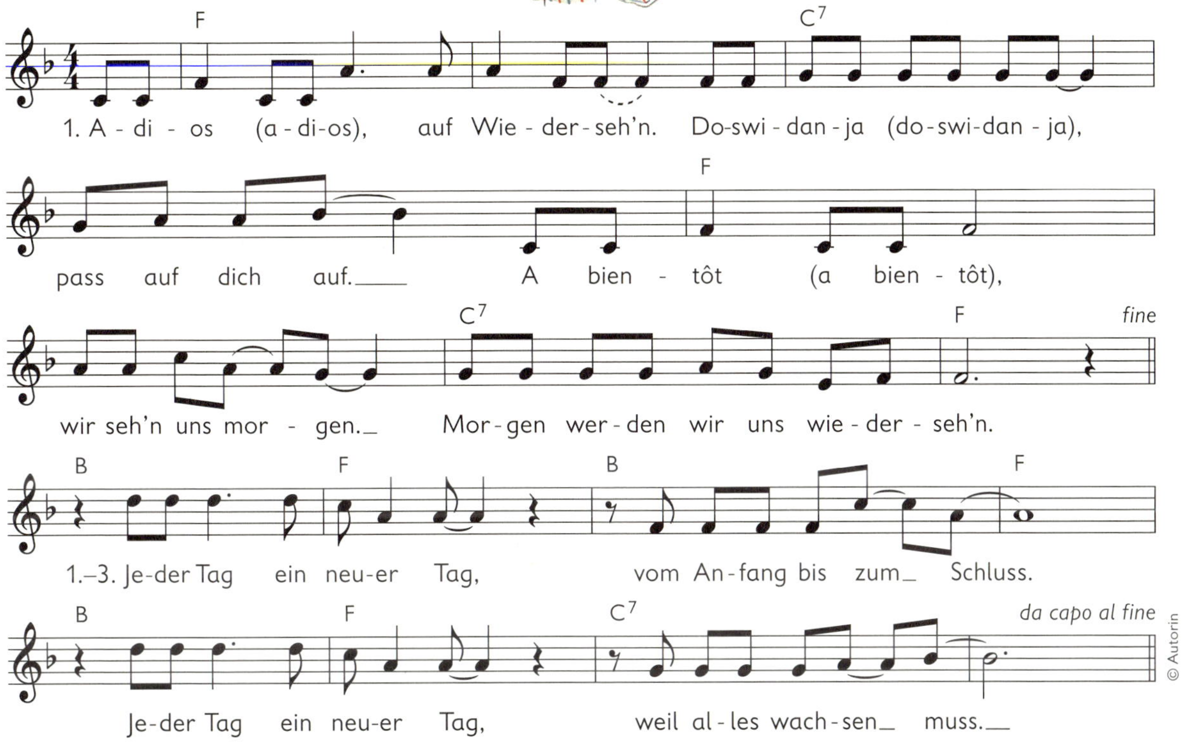

1. A - di - os (a - di - os), auf Wie - der - seh'n. Do - swi - dan - ja (do - swi - dan - ja),

pass auf dich auf.____ A bien - tôt (a bien - tôt),

wir seh'n uns mor - gen.__ Mor - gen wer - den wir uns wie - der - seh'n. *fine*

1.–3. Je - der Tag ein neu - er Tag, vom An - fang bis zum__ Schluss.

da capo al fine

Je - der Tag ein neu - er Tag, weil al - les wach - sen__ muss.__

© Autorin

2. Sayonara (sayonara), es ist Zeit zu gehen.
   Aloha (aloha). Tschüss, adieu, ciao (ciao).
   Wir sehn uns morgen;
   morgen werden wir uns wiedersehn.

3. Namaste (namaste), mach's gut, bis bald.
   Tzoy geen (tzoy geen). Bis später dann.
   Kwa heri (kwa heri). Wir sehn uns morgen,
   morgen werden wir uns wiedersehn.

Wir wünschen Glück und Gesundheit

aus Bolivien
dt. Text: Werner Beidinger

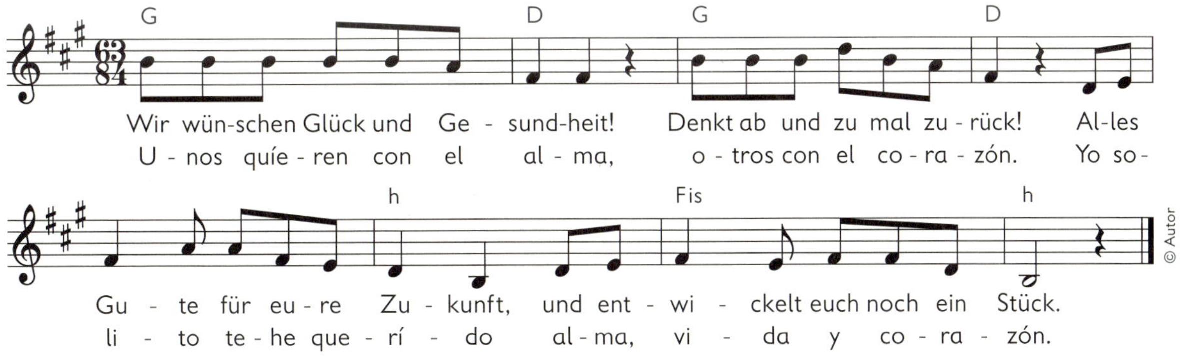

Wir wün - schen Glück und Ge - sund - heit! Denkt ab und zu mal zu - rück! Al - les
U - nos quíe - ren con el al - ma, o - tros con el co - ra - zón. Yo so -

Gu - te für eu - re Zu - kunft, und ent - wi - ckelt euch noch ein Stück.
li - to te - he que - rí - do al - ma, vi - da y co - ra - zón.

© Autor

Johann Sebastian Bach
in Thüringen und Sachsen
1685-1750

2 Mit 13 Jahren zieht er zum älteren Bruder. Der besitzt wertvolle Notenbücher, hält sie aber hinter Gitterstäben verschlossen. Nacht für Nacht schreibt Johann heimlich die begehrten Noten ab, nur vom Mond beleuchtet.

1 Johann Sebastian wird in Eisenach geboren. Er hat schon sieben Geschwister. In seiner Verwandtschaft gibt es viele Kantoren, Organisten, Stadtpfeifer. Seine Eltern sterben früh.

3 Als Kirchenmusiker in Arnstadt will er unbedingt den berühmten Komponisten Buxtehude hören und wandert 400 Kilometer zu Fuß nach Lübeck. Er ist so begeistert, dass er statt vier Wochen vier Monate dort bleibt.

4 Am Dresdner Hof plant man einen Wettstreit zwischen Bach und dem berühmten französischen Hoforganisten Marchand. Dieser flieht jedoch, als er hört, dass Bach noch viel besser spielt als er.

5 Weitere Arbeitsstellen werden Mühlhausen, Weimar und Köthen. In Köthen kann Bach für ein besonders gutes Orchester komponieren.

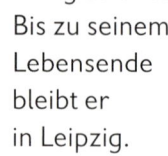

6 In Leipzig ist Bach Kantor an der Thomaskirche. Er schreibt viele Kompositionen für seine Schüler und gibt Unterricht. Bis zu seinem Lebensende bleibt er in Leipzig.

Wolfgang Amadeus Mozart
und sein Papageno
1756–1791

1 Im Dom zu Salzburg wird ein Kind auf den Namen Joannes Chrysostomus Wolfgangus Theophilus Mozart getauft. Aber seine Eltern nennen ihn nur Wolferl.

2 Wolferl komponiert schon als Fünfjähriger. Er und seine Schwester Nannerl werden als Wunderkinder berühmt. Mit der Kutsche fährt Familie Mozart zu Konzerten in ganz Europa.

3 Mozart wird in Salzburg vom Erzbischof als Konzertmeister angestellt. Aber er fühlt sich dort nicht wohl und plant immer wieder Konzertreisen. Das bringt ihm viel Ärger ein. Er kündigt.

4 Nun lebt und arbeitet Mozart ohne Anstellung in Wien. Hier heiratet er Constanze. Und die Hauptfigur seiner neuen Oper „Die Entführung aus dem Serail" nennt er auch Constanze.

5 Mit seiner Oper „Figaros Hochzeit" hat er zunächst keinen Erfolg, weil er darin die Reichen kritisiert. Aber in Prag sind alle begeistert und seine Melodien werden zu Schlagern. Man tanzt sogar in den Ballsälen dazu.

6 Mozart ist krank, bleibt aber so fröhlich, wie seine Figur Papageno aus seiner neuen Oper „Die Zauberflöte". Er komponiert ohne Pause und erlebt den großen Erfolg der Uraufführung. Wenig später stirbt er kurz vor seinem 36. Geburtstag.

Richard Wagner
und seine Opern
1813 - 1883

1 Richard ist Schüler an der Kreuzschule in Dresden. Später besucht er auch die Nikolaischule und die Thomasschule in Leipzig.

2 Sein Stiefvater begeistert ihn fürs Theater. Schon als Schüler schreibt Richard ein Trauerspiel. Als er aber Beethovens Oper „Fidelio" sieht, will er unbedingt Musiker werden.

3 Seine Arbeit als Kapellmeister in Riga verliert er bald. Wegen Schulden flieht er auf einem Segelschiff. Auf der gefährlichen Fahrt entsteht die Idee zur Oper „Der Fliegende Holländer".

4 Wagner wird Königlich-Sächsischer Kapellmeister an der Dresdner Hofoper und beteiligt sich mit seinem Freund Gottfried Semper (der Baumeister des Opernhauses) an einem Aufstand. Daraufhin muss er Dresden schnell verlassen.

GESUCHT

Richard Wagner

100 m

5 Wagner beschäftigte sich sehr viel mit deutschen Sagen und brachte diese in ganz neuartigen Opern auf die Bühne. Der bayerische König Ludwig II. liebte diese Musik und baute seine Schlösser wie Kulissen zu Wagners Opern.

6 In Bayreuth lässt er ein Festspielhaus nach seinen Vorstellungen bauen für die Aufführungen seiner Opern. Dort gibt es noch heute in jedem Sommer die Richard-Wagner-Festspiele.

Benjamin Britten
und der Krieg
1913 - 1976

1 Benjamin wächst in England auf. Seine Mutter unterrichtet ihn auf dem Klavier, als er fünf Jahre alt ist. Sie träumt davon, dass er das vierte B wird, also ein ebenso großer Komponist wie Bach, Beethoven und Brahms.

2 Schon mit acht Jahren schreibt Benjamin seine ersten Kompositionen. Mit 18 Jahren hat er bereits einige Lieder, Klavierstücke, Chorwerke und ein Streichquartett geschrieben.

3 Als Deutschland 1939 ganz Europa zu einem Krieg zwingt, verlässt Britten seine Heimat und geht nach Amerika. Er hasst den Krieg.

4 Er wird ein berühmter Komponist, Dirigent und Pianist. Besonders gern begleitet er Sänger am Klavier.

5 Britten komponiert einen Orchesterführer für junge Menschen. Kinder auf der ganzen Welt haben mit dieser Musik die Instrumente des Orchesters kennengelernt.

6 Die im Krieg zerstörte Kathedrale in Coventry bekommt einen neuen Anbau. Das wird mit einer großen Komposition von Britten gefeiert, dem „War Requiem".

Unsere Musikinstrumente

‖ Klanghölzer	⚲ Becken mit Schlägel
⊘ Rahmentrommel	⚬ Kugelrassel
△ Triangel	⚭ Regenstab
⊡ Holzblocktrommel	⊏ Lotosflöte
⊃⊂ Röhrenholztrommel	⚘ Guiro
⊽ Päuklein	✧ Schellenring
⊾ Vibraslap	⌐ Knarre
✎ Cabasa	

O Chicken Shake	⊞ Bar Chimes
⌐ Cowbell (Kuhglocke)	⊟G Glockenspiel
⊩ Zimbeln	⊟M Metallofon
⊰ Fingerzimbeln	∭ Klangstäbe
⊡ Tamtam	⊟x Xylofon
⌒ Glockenkranz	∭B Bassklangstäbe
⊞ Röhrenglockenspiel	⚭ Boomwhacker

Selbstgebaute Instrumente

Didgeridoo-Bauanleitung

Mundstück aus Naturknetwachs

Kordel

Rohrstück

Naturknetwachs als Wurst auf den Rand des Rohrstücks legen

Groschengroße Öffnung

Wachs nach unten hin dünn ausstreichen

Trommel-Bauanleitung

Boden eines Blumentopfs (aus Ton, 20 cm Durchmesser) ausfräsen

7 Lagen Blumenseidenpapier fest darüber spannen

2 Wochen trocknen

farbig gestalten

Die Instrumentengruppen des Sinfonieorchesters

Die Schlaginstrumente

Pauke

Becken

Triangel

große Trommel

Xylophon

Die Streichinstrumente

Violine

Viola

Violoncello

Kontrabass

Die Zupfinstrumente

Harfe

Die Holzblasinstrumente

Klarinette

Querflöte   Oboe   Fagott

Die Blechblasinstrumente

Posaune

Trompete   Horn   Tuba

Musikinstrumente

**Musikinstrumente aus verschiedenen Zeiten
und von verschiedenen Orten**

Knochenflöte

Rassel

Trommel

Maultrommel

Handglocke

Portativ

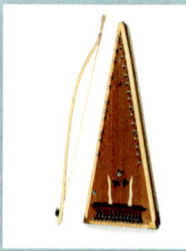

Psalter

Laute

Balalaika

Banjo

Pferdekopfgeige (Igil)

Gankogui

Mbira

Balafon

Kpanlogo

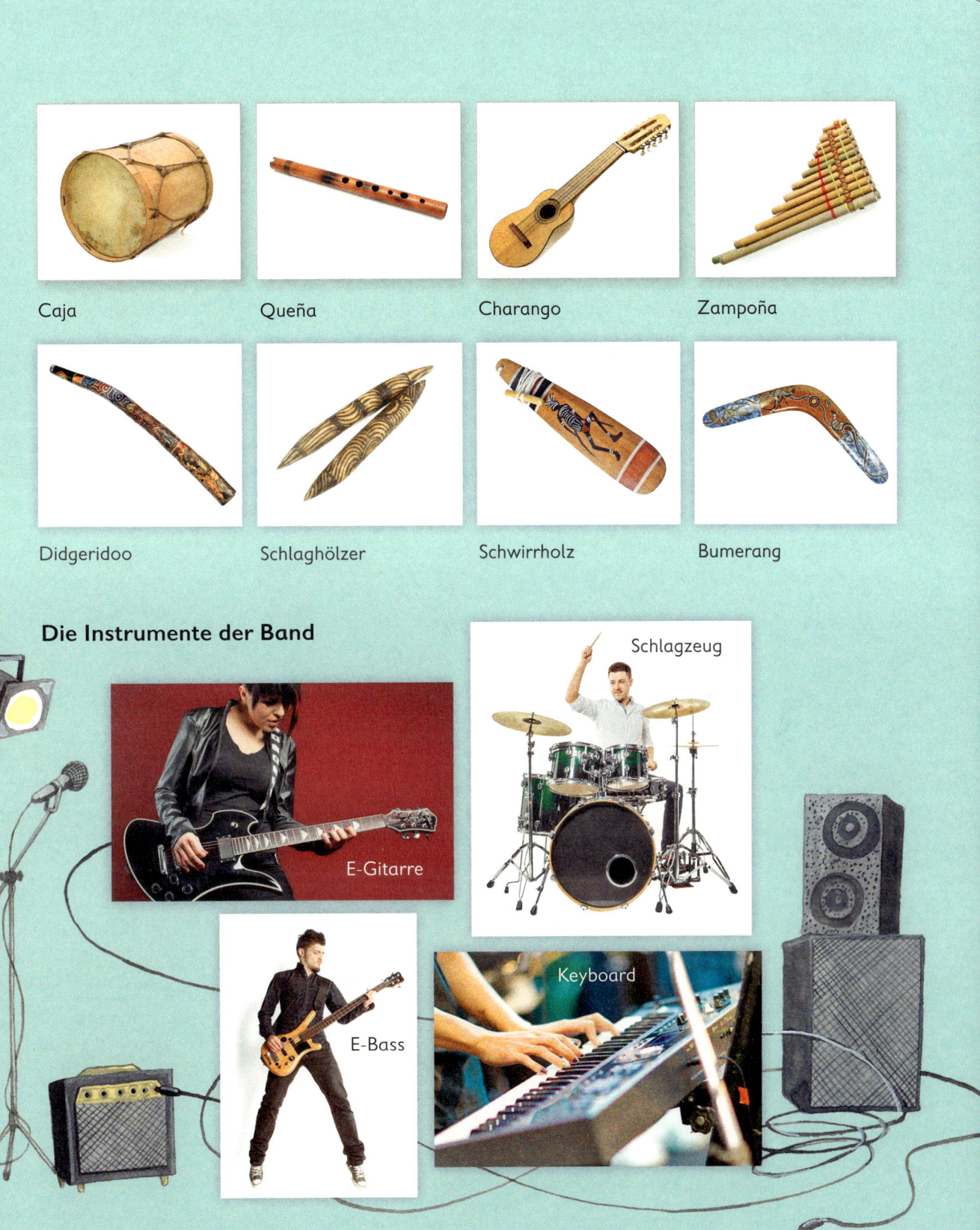

Caja

Queña

Charango

Zampoña

Didgeridoo

Schlaghölzer

Schwirrholz

Bumerang

Die Instrumente der Band

E-Gitarre

Schlagzeug

E-Bass

Keyboard

Wie man ein Lied gestalten kann

Gestalten mit der Stimme

- Lautstärke verändern

LEISE ◄——————— LAUT ———————► LEISE

lauter werden   leiser werden

- Tempo verändern

schneller werden   langsamer werden

- Töne gebunden oder abgesetzt singen

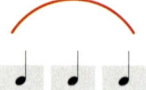

- den Stimmklang verändern (Stimme dunkler und verschnupft klingen lassen)

SEID IHR GESPENSTER?

- deutlich sprechen und wichtige Wörter hervorheben

Mückenwasser

Funkellicht   Stiefel

- an passenden Stellen atmen

- einer singt   –   einige singen   –   alle singen

Gestalten mit dem Körper

 • eine passende
Körperhaltung
einnehmen

 • das Lied als Szene
darstellen und
Requisiten verwenden

   • den Gesichtsausdruck
verändern

 • die Hände und
Arme einbeziehen

  • sich tänzerisch
bewegen

Am Bahndamm wohnt der Regenmann

M: Wolfgang Jehn
T: Margarete Jehn

© Worpsweder Musikwerkstatt

Alle 2. Es grüßt ihn jedes Funkellicht
und jedes helle Fenster.
Und nur die Menschen grüßen nicht
und er sieht allen ins Gesicht

Einer ‖ und fragt: „Seid ihr Gespenster?" ‖

Einige 3. „Das musst du doch begreifen, Mann!
Steh du hier mal 'ne Stunde
und warte auf die Straßenbahn –
und dann fängt's noch zu regnen an –

Alle ‖ man geht ja vor die Hunde!" ‖

4. Da geht der Regenmann nach Haus,
Alle hört auf, sich rumzutreiben.
Kriecht wieder in sein Bettenhaus
und zieht die blauen Stiefel aus –
‖ und lässt das Fragen bleiben. ‖

Zur Musik tanzen

Tanzaufstellungen

Einzelaufstellung	Rücken ▽ Gesicht		
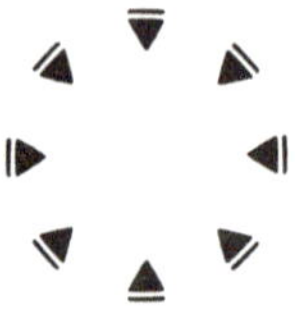 Stirnkreis	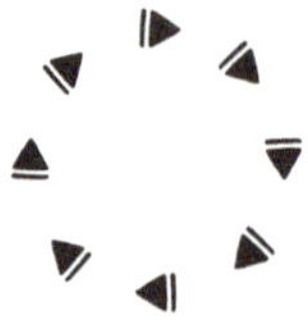 Schulterkreis	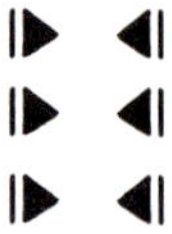 Gasse	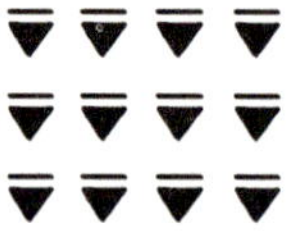 Formation
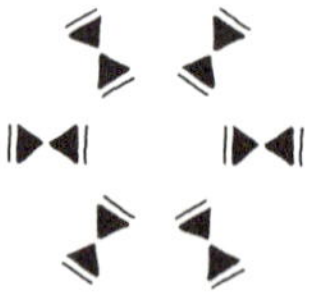 paarweise gegenüber	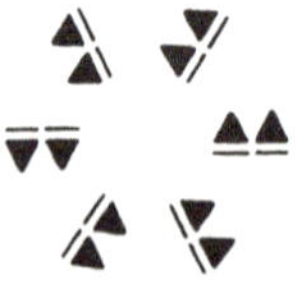 paarweise nebeneinander	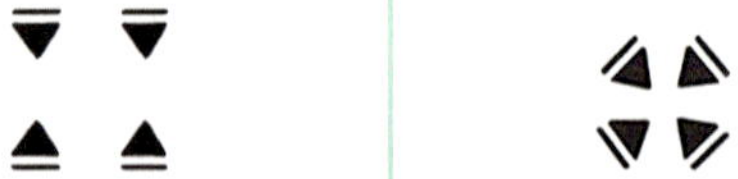 paarweise gegenüber	
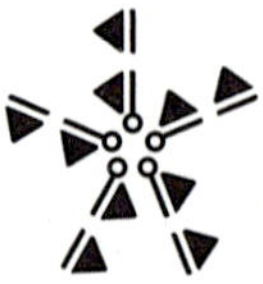 Stern	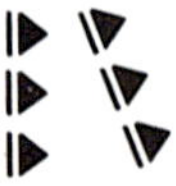 zu dritt nebeneinander	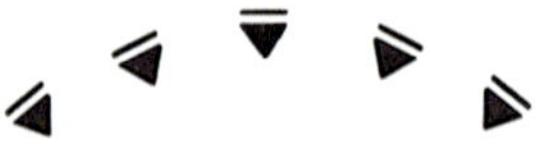 Halbkreis — Reihe, nebeneinander, hintereinander	

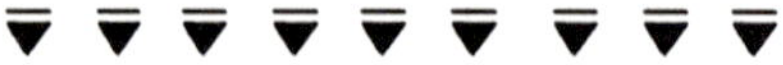

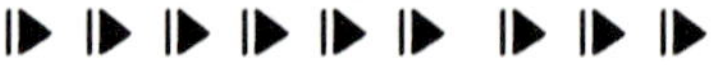

Fassungen

Kreisfassung	Zweihandfassung	Schulterfassung	Tor
Hüftstütz	Radfassung	offene Fassung	Kreuzfassung

Schrittarten

Nachstellschritt

re seit – li ran – re seit – li ran

Seitgalopp (hüpfen! lang – kurz)

re seit – li ran – re seit – li ran

Hüpfschritt

li hüpf   re hüpf
re Bein hoch   li Bein hoch

Kreuzschritt

re seit – li kreuz – re seit – li ran

Wechselschritt

re-li – re – li-re – li

Wiegeschritt

Stampfschritt

re stampf   li stampf

halbe Drehung

halbe Drehung
um die eigene Achse

dos à dos

vier Schritte
vom Punkt aus
vorwärts,
und
vier Schritte
rückwärts
wieder
zum Punkt

Kick

re seit – li kick – li seit – re kick

Tipp

re seit – li tipp – li seit – re tipp

Handtour

Drehen

re seit   –   drehen   –   drehen   –   li ran und zurück

Polkaschritt

re hüpf lang   re ⟶
2x li hüpf kurz   li ⇉

V-Step

rechts schräg vor   rechts schräg zurück
links schräg vor   links schräg zurück

Minilexikon
Was wir über Musik wissen

Akkord
Mehrere Töne erklingen gleichzeitig.
Mit Akkorden kann man zum Beispiel
ein Lied ➡ begleiten.

Alt
So nennt man eine tiefe Frauen- oder Kinder-
stimme. Im Chor heißt die Gruppe der tiefen
Frauen- oder Kinderstimmen so.

Arie
So heißt ein kunstvolles Lied, das von einem
Solisten oder einer Solistin vorgetragen wird.
Meist gehört sie zu Opern.

Artikulation
Töne können miteinander verbunden
werden (legato) oder abgesetzt gespielt
werden (staccato).

 *gebunden*

 *abgesetzt*

Auftakt
Ein Lied oder ein Musikstück beginnt unbetont.

1. Im   Wal - de steht ein

Ballett
Eine Geschichte wird nicht mit Worten erzählt,
sondern mit kunstvollem Tanz zur Musik.

Band
In einer Gruppe musizieren gemeinsam
mehrere Musiker moderne Popmusik.
Jede Band hat einen besonderen Namen.

Bass
So heißt eine tiefe Männerstimme.
Im Chor heißt die Gruppe der tiefen
Männerstimmen so.

Bauformen in der Musik
Musik besteht oft aus mehreren Teilen.
Dabei gibt es ➡ Wiederholungen,
➡ Veränderungen oder ➡ Gegensätze.
Eine besondere Bauform ist das ➡ Rondo.
Bei Liedern heißen die Teile ➡ Strophe
und ➡ Refrain.

Beatboxing
Das ist neben dem Singen eine andere
Möglichkeit, mit der Stimme Musik
zu machen. Hier geht es darum, Rhythmus-
und Effektinstrumente nachzuahmen.

Bigband
Das ist eine große Band, in der viele
Blasinstrumente und eine Rhythmusgruppe
gemeinsam ➡ Jazz musizieren.

Call and response
Diese Form der Wiederholung stammt
aus der afrikanischen Musik und bedeutet
Ruf (Vorsänger) und Antwort (alle).

Charleston
Dieser Tanz entstand in den 1920er Jahren in
Amerika und ist benannt nach der Hafenstadt
Charleston in South Carolina.

Chor
In einem Chor singen viele gemeinsam. Es gibt
Kinderchöre, Frauenchöre, Männerchöre und
Chöre für Männer und Frauen.

Choral
Das ist ein Lied, das in der
Kirche gesungen wird.

Dirigent

Er leitet ein Orchester oder einen Chor und ist verantwortlich für die Erarbeitung der Musikstücke. Beim Dirigieren gibt er das Tempo an und gestaltet den musikalischen Ausdruck. Es gibt auch Dirigentinnen.

Dixieland

Das ist eine besondere Form des Jazz, den um 1920 die weißen Musiker in Amerika dem Jazz der Afroamerikaner entgegen hielten. In Dresden gibt es jedes Jahr ein Dixieland-Festival, bei dem sich Musiker aus der ganzen Welt treffen.

Duett (auch Duo)

Beim Duett singen oder musizieren zwei gemeinsam.

Dur

Das ist ein Tongeschlecht in der Musik, eine besondere „Sprache". Man empfindet den Klang von Musik in Dur meist heller und klarer als den Klang in ➡ Moll.

Gefühle

Musik kann wie kaum eine andere Kunst die unterschiedlichsten Gefühle und Stimmungen ausdrücken. Sie kann zum Beispiel fröhlich oder traurig, aufmunternd oder beruhigend klingen. Gefühle und Stimmungen entstehen durch Unterschiede in ➡ Lautstärke, ➡ Tempo, ➡ Klangfarbe und ➡ Melodie.

Gegensatz

Ein musikalischer Teil klingt ganz anders als ein anderer (A B).

Grundschlag

Man hört ihn nicht, aber er ist immer da. Er durchdringt und ordnet wie ein gleichmäßiger Puls den Rhythmus.

Grundton

Das ist der wichtigste Ton einer Melodie, auf dem sich alle anderen Töne aufbauen. Man kann ihn hören wie einen Punkt in einem gesprochenen Satz.

Jazz

Diese Musikform brachten Afroamerikaner um 1900 in Amerika hervor. Seitdem hat sie sich vielfältig weiterentwickelt. Im Jazz wird viel improvisiert, d.h., die Musiker spielen Musik, die sie sich eben erst ausgedacht haben.

Kammerton a

Auf diesen Ton stimmen sich alle Instrumente ein. Seinen Namen bekam er, weil früher in den „Kammern" (den privaten Räumen) der Fürsten musiziert wurde.

Kanon

Zwei oder mehr Stimmen setzen nacheinander mit dem Singen derselben ➡ Melodie ein.

Klangfarbe

Musik klingt unterschiedlich durch den Einsatz verschiedener Stimmen oder Instrumente und durch die Art und Weise, wie die Töne erzeugt werden.

Komponist

Das ist ein Mensch, der sich Musik ausdenkt und diese mit Noten aufschreibt.

Konzert

Damit bezeichnet man Musik für Instrumente, die einzeln und zusammen musizieren. Es ist aber auch ein Begriff für eine musikalische Veranstaltung.

Konzertmeister

Er ist der Stimmgruppenführer der 1. Violinen und sitzt am ersten Pult. Er fordert z.B. die Musiker zum Setzen auf, zum Stimmen der Instrumente und zum Verlassen der Bühne.

Lautstärke

Es gibt viele Abstufungen in
der Lautstärke von Musik, zum Beispiel
laut (*forte – f*),
mittlere Lautstärke (*mezzoforte – mf*),
leise (*piano – p*),
leiser werdend (*decrescendo – decresc.*),
lauter werdend (*crescendo – cresc.*).

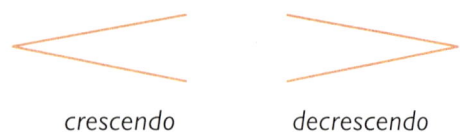

crescendo   *decrescendo*

Lied

Das ist ein Musikstück zum Singen.
Es hat einen Text, der sich oft reimt und meist
mehrere → Strophen. Zu manchen Liedern
gehört auch ein → Refrain.

Melodie

Bei einer Melodie reihen sich Töne aneinander.
Sie können unterschiedlich hoch oder lang sein.

Menuett

Dieser Tanz entstand in Frankreich und
wurde vor ungefähr 300 Jahren am Hofe
getanzt. Die steife Kleidung und die Perücken
erlaubten nur kleine Schritte und vorsichtige
Bewegungen.

Metrum

Die → Grundschläge in der Musik sind
betont und unbetont.
Im Zweiermetrum wechseln sich immer ein
betonter und ein unbetonter Grundschlag ab.

Im Dreiermetrum wechseln sich immer ein
betonter und zwei unbetonte Grundschläge ab.

Minnesänger

Sie zogen im Mittelalter durch die Lande und
sangen Liebeslieder für die von ihnen angebe-
teten Burgfräulein.

Moll

Das ist ein Tongeschlecht in der Musik, eine
besondere „Sprache". Man empfindet den
Klang von Musik in Moll meist dunkler und
weicher als den Klang in → Dur.

Musical

Das ist ein modernes Theaterstück, in dem
nicht nur gesprochen wird, sondern auch
gesungen, getanzt und musiziert. Musicals
werden seit ungefähr 100 Jahren komponiert
und stammen ursprünglich aus den USA.

Nationalhymne

Dieses feierliche Musikstück oder Lied wird
bei festlichen Anlässen eines Staates musiziert.

Noten

Das sind Zeichen, mit denen man Musik
aufschreiben kann. Man schreibt die Noten
gleichzeitig für die Tonhöhe und die Tonlänge
in eine → Notenzeile.
Die Teile einer Note sind Notenkopf (●, ◯),
Notenhals (│) und Fähnchen (╲) oder
Balken (▬).

Noten für die Tonhöhen

Je höher eine Note in der → Notenzeile steht,
desto höher klingt der Ton.
In der Notenzeile gibt es nicht genug Platz
für alle Noten. Die Note für das d steht
deshalb unter der Notenzeile und für das tiefe
c auf einer kleinen Hilfslinie.

Noten für die Tonlänge

Unterschiedliche Notenzeichen zeigen die
Länge der Töne an. Der Grundschlag hat meist
die Länge einer Viertelnote (♩). Halb so lange
Töne werden mit Achtelnoten (♪♪ ♫) aufgeschrieben, und doppelt so lange Töne mit
halben Noten (♩).
Ganz lange Töne von vier Grundschlägen
bekommen eine ganze Note (◯).

Die Länge der Töne orientiert sich am → Grundschlag. Töne sind entweder gleich lang, halb so lang oder doppelt so lang wie der Grundschlag. Das trifft auch für → Pausen zu.

Notenschlüssel
Er steht am Beginn jeder Notenzeile und markiert die Linie für das g.

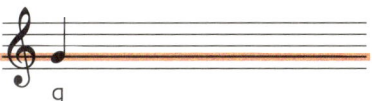

g

Notenzeile
Sie besteht aus fünf Linien und vier Zwischenräumen zur Darstellung der unterschiedlich hohen und unterschiedlich langen Töne.

Obertongesang
Diese besondere Singtechnik kommt aus Mittelasien. Ein Sänger kann gleichzeitig einen tiefen Ton und hohe Töne singen.

Oper
Das ist ein Theaterstück, in dem nicht gesprochen, sondern alles durch besonders ausgebildete Sänger und Sängerinnen gesungen wird.

Oratorium
Hier wird musikalisch eine Geschichte erzählt durch mehrere Solisten, einen Chor und ein Orchester.

Partitur
In diesem Buch stehen die Noten für viele Instrumente oder viele Stimmgruppen genau untereinander. Der Dirigent muss sie alle gleichzeitig lesen, um richtig dirigieren zu können.

Pause
Das ist ein Zeichen in der Notenzeile für den kurzen Moment, in dem kein Ton zu hören ist. Die Viertelpause ist genauso lang sind wie die Viertelnote.

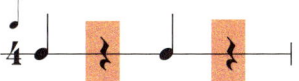

Polka
Dieser Tanz entstand vor ungefähr 200 Jahren in Böhmen (gehört heute zu Tschechien) und war bald in ganz Europa sehr beliebt.

Polonaise
Dieser Tanz stammt ursprünglich aus Polen. Die Tanzpaare schreiten würdevoll und majestätisch bestimmte Figuren im Raum ab. Heute wird oft auch zu fröhlicher Musik in einer langen Schlange durch den Raum marschiert.

Popmusik
Das ist ein Sammelbegriff für viele Formen moderner, meist sehr rhythmischer Musik, die durch Medien verbreitet wird.

Poptanz
Das ist ein Sammelbegriff für Tänze zu moderner Popmusik, so wie sie heute z.B. in Diskos getanzt werden.

Refrain
Das ist der Teil eines Liedes, der sich nach jeder Strophe wiederholt.

Rhythmus
Rhythmus bedeutet, in welcher Reihenfolge unterschiedlich lange Töne erklingen.

Rondo
Ein musikalischer Teil wiederholt sich, andere Teile reihen sich dazwischen, zum Beispiel: A B A C A D A.

Schlussstrich
Er beendet ein Notenbild.

Sinfonieorchester
Es ist eine große Instrumentalgruppe für Streich-, Blas- und Schlaginstrumente, und es spielt vor allem klassische Musik.

Singen
Das ist eine uralte menschliche Tradition, bei der die Stimme anders gebraucht wird als beim Sprechen. Man kann allein (Solo), im Duett oder im Chor singen.

Sologesang
Ein Solist oder eine Solistin singt allein.

Sopran
So nennt man eine hohe Frauen oder Kinderstimme. Im Chor heißt die Gruppe der hohen Frauen- oder Kinderstimmen so.

Spielleute (Einzahl: Spielmann)
So nannte man im Mittelalter die Musiker (Musikanten), die zur Unterhaltung der Menschen musizierten.

Steigerungen in der Musik
Manchmal wird die Musik immer lauter oder immer schneller, oder immer mehr Instrumente spielen gleichzeitig.

Stimmgabel
Wenn die Stimmgabel in Schwingung versetzt wird, hört man den Ton „a". Damit kann man Instrumente stimmen oder Sängern den Ton angeben.

Stimmgruppen im Chor
Sopran (hohe Frauen- oder Kinderstimme),
Alt (tiefe Frauen- oder Kinderstimme),
Tenor (hohe Männerstimme),
Bass (tiefe Männerstimme)

Streichorchester
Dieses besteht nur aus Streichinstrumenten (Violinen, Violen, Violoncelli, Bässe).

Strophe
Das ist ein Teil eines Liedes.
Die meisten Lieder haben mehrere Strophen mit jeweils anderem Text.

Takt
Er wird mit Taktstrichen begrenzt.
Die erste Note im Takt ist betont.

Taktart
Sie steht für das Metrum.

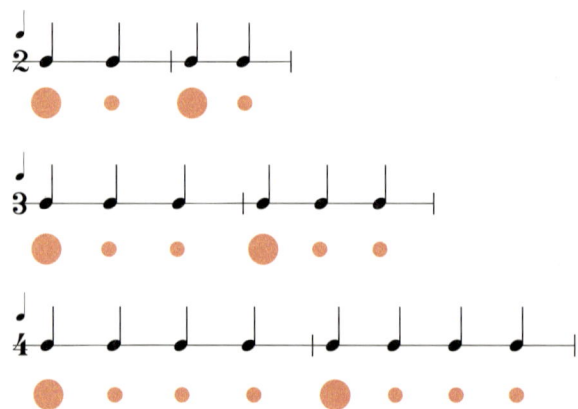

Taktstock
Das ist ein Stab, mit dem der Dirigent den Musikern des Orchesters das Tempo und seine Gestaltungsabsichten anzeigt.

Tempo
Es gibt viele Abstufungen im Tempo von Musik, zum Beispiel sehr langsam (*largo*), langsam (*adagio*), gehend (*andante*), schnell (*allegro*), sehr schnell (*presto*). Musik kann auch allmählich schneller (*accelerando*) oder langsamer (*ritardando*) werden.

Tenor

Das ist eine hohe Männerstimme.
Im Chor heißt die Gruppe der hohen
Männerstimmen so.

Tonhöhenverlauf

Die Töne einer Melodie sind unterschiedlich
hoch. Zwischen den Tönen gibt es Tonwieder-
holungen, Tonschritte und Tonsprünge.
Ein Tonhöhenverlauf hat einen Beginn und
ein Ende. Er endet meist auf dem Grundton
der → Melodie. Oft verwendete Bausteine
der Melodie sind Ruftöne, Dreiklang und
Fünftonreihe.

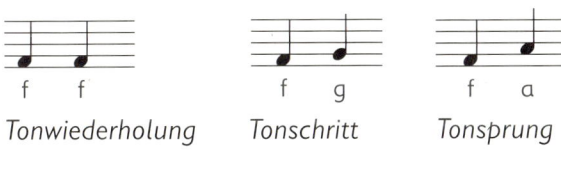

Tonwiederholung   Tonschritt   Tonsprung

Rufton   Dreiklang   Fünftonreihe

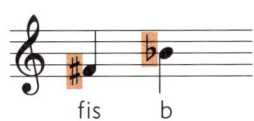

Tonleiter

Veränderung

Ein musikalischer Teil klingt ähnlich wie
ein anderer (A A').

Vorzeichen

Man braucht sie, um Töne in der Notenzeile
darzustellen, die keinen eigenen Platz haben,
wie z.B. den Ton **b** und den Ton **fis**.
Eine Note mit dem Vorzeichen ♭ meint einen
etwas tiefer klingenden Ton und eine Note mit
dem Vorzeichen # meint einen etwas höher
klingenden Ton.

Wiederholung

Ein musikalischer Teil wird noch einmal
gespielt (A A).

Wiederholungszeichen

Es zeigt an, dass man einen Teil oder
alles noch einmal wiederholen muss.

Volltakt

Ein Lied oder ein Musikstück beginnt betont.

Volkstanz

Das ist ein überlieferter Tanz in einer bestimmten Gegend. Er steht in engem Zusammenhang
zur Volksmusik.

Volksmusik

Das ist eine über viele Generationen hinweg
überlieferte Musik in einer bestimmten
Gegend.

Liedverzeichnis

Copyrights

Mein neuer
Musikus 4

Redaktion	Ute Kister
Illustrationen	Naeko Ishida, Heidelberg
	Karl-Heinz-Wieland, Berlin (Instrumente)
	Bernd Kissel, Überherrn-Berus (S. 24/25, 30, 76-79, 81)
Umschlaggestaltung und Layoutkonzept	Rosendahl Berlin und Cornelsen Schulverlage Design
Gesamtgestaltung und technische Umsetzung	Sandra Knopke, Berlin
Notensatz	Kontrapunkt Satzstudio, Bautzen

Zur Lehrwerksreihe gehören:

Schülerbuch	ISBN 978-3-06-080466-5
Handreichungen für den Unterricht	ISBN 978-3-06-080473-3
Audio-CDs	ISBN 978-3-06-080476-4
Arbeitsheft	ISBN 978-3-06-080470-2
Kling-Klang Musizierheft	ISBN 978-3-06-080469-6
Poster Welt- und Zeitreise	ISBN 978-3-06-081407-7

www.vwv.de

Soweit in diesem Lehrwerk Personen fotografisch abgebildet sind und
ihnen von der Redaktion fiktive Namen, Berufe, Dialoge und Ähnliches zugeordnet
oder diese Personen in bestimmte Kontexte gesetzt werden, dienen
diese Zuordnungen und Darstellungen ausschließlich der Veranschaulichung
und dem besseren Verständnis des Inhalts.

1. Auflage, 1. Druck 2016

Alle Drucke dieser Auflage sind inhaltlich unverändert
und können im Unterricht nebeneinander verwendet werden.

Druck: Firmengruppe APPL, aprinta Druck, Wemding

ISBN 978-3-06-080466-5

PEFC zertifiziert
Dieses Produkt stammt
aus nachhaltig
bewirtschafteten
Wäldern und
kontrollierten Quellen

PEFC
PEFC/04-32-0928   www.pefc.de

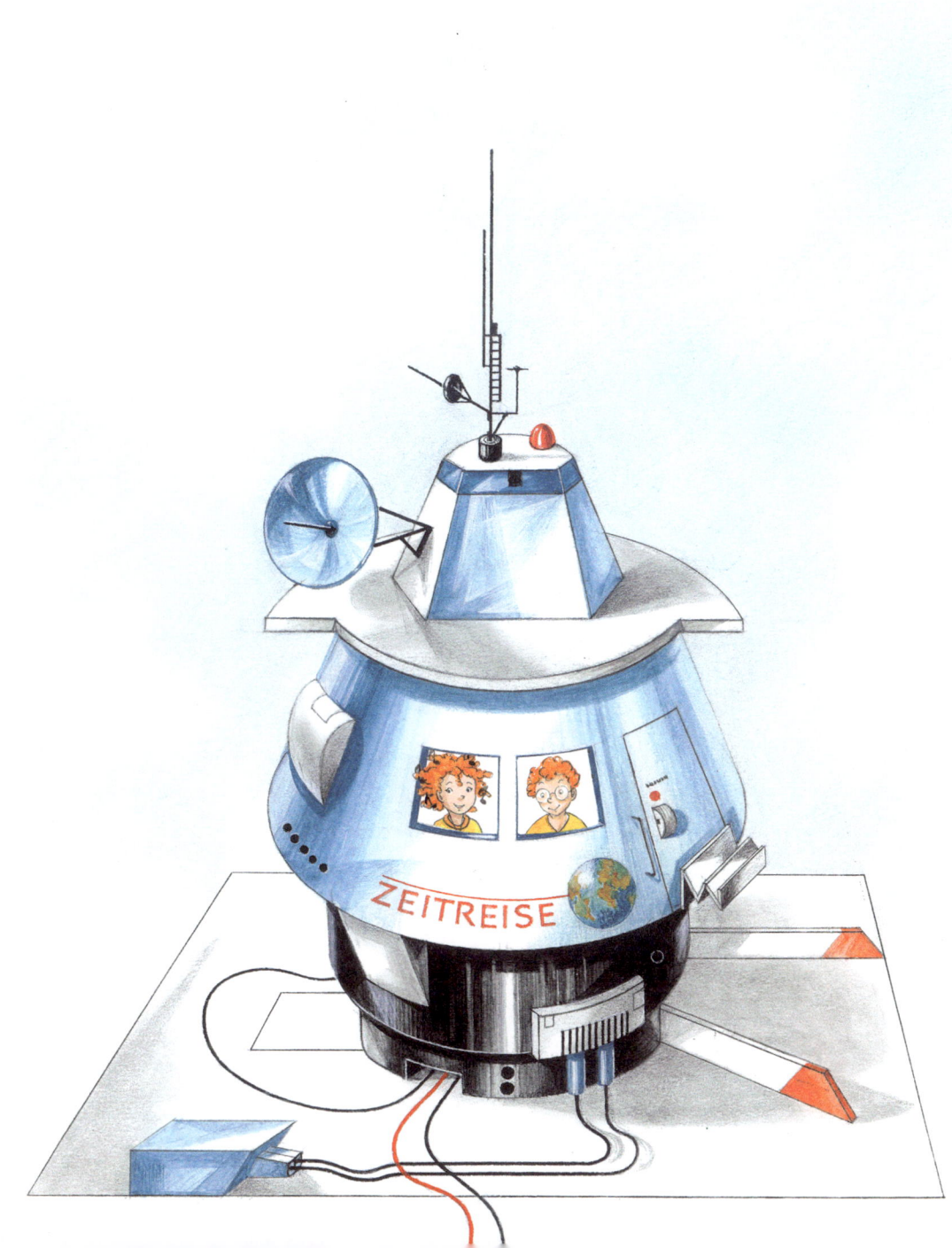

Zeitreise

II/36–54

10 Jahre zurück

30 Jahre zurück

50 Jahre zurück

100 Jahre zurück